Was ist eigentlich ... ?

Reihe herausgegeben von

Tilo Strobach, Department of Psychology, Medical School Hamburg, Hamburg, Hamburg, Deutschland

Die Buchreihe „Was ist eigentlich …?" möchte den Leserinnen und Lesern einen ersten Einblick in die verschiedenen Disziplinen der Psychologie geben. Die Einteilung der Bände dieser Reihe orientiert sich dabei an den typischen Psychologiemodulen an deutschen Universitäten. Deshalb eignen sich die kompakten Bücher vor allem für Psychologiestudierende am Beginn des Studiums. Sie bieten aber auch für alle anderen, generell an psychologischen Themen Interessierten einen ersten, gut verständlichen Einblick in die psychologischen Disziplinen: Jeder Band stellt den Kern einer dieser Disziplinen vor. Des Weiteren werden prominente Fragestellungen und Diskurse der Vergangenheit und der Gegenwart vorgestellt. Außerdem wird ein Blick in die Zukunft und auf offene Fragen gerichtet.

Weitere Bände in der Reihe http://www.springer.com/series/15934

Babett Lobinger · Lisa Musculus ·
Laura Bröker

Sportpsychologie

Ein Überblick für
Psychologiestudierende und
-interessierte

 Springer

Babett Lobinger
Psychologisches Institut, Deutsche
Sporthochschule Köln, Köln,
Nordrhein-Westfalen, Deutschland

Lisa Musculus
Psychologisches Institut, Deutsche
Sporthochschule Köln, Köln,
Nordrhein-Westfalen, Deutschland

Laura Bröker
Psychologisches Institut, Deutsche
Sporthochschule Köln, Köln,
Nordrhein-Westfalen, Deutschland

ISSN 2523-8744   ISSN 2523-8752 (electronic)
Was ist eigentlich …?
ISBN 978-3-662-63042-6   ISBN 978-3-662-63043-3 (eBook)
https://doi.org/10.1007/978-3-662-63043-3

Die Deutsche Nationalbibliothek verzeichnet diese Publikation in der Deutschen Nationalbiblio-
grafie; detaillierte bibliografische Daten sind im Internet über http://dnb.d-nb.de abrufbar.

Planung/Lektorat: Joachim Coch, Judith Danziger
Springer ist ein Imprint der eingetragenen Gesellschaft Springer-Verlag GmbH, DE und ist ein Teil
von Springer Nature.
Die Anschrift der Gesellschaft ist: Heidelberger Platz 3, 14197 Berlin, Germany

Vorwort

Dieses Buch aus der Reihe „Was ist eigentlich ...?" hat es sich zur Aufgabe gemacht, einen leicht verständlichen und prägnanten, zugleich aber auch möglichst umfassenden Überblick über die Sportpsychologie in Forschung und Anwendung zu geben.

Sie interessieren sich für Psychologie? Sie überlegen sich, Psychologie zu studieren? Sie finden außerdem Sport und Bewegung faszinierend? Dann haben wir dieses Buch vor allem für Sie geschrieben. Wir möchten Sie auf den folgenden Seiten auf eine Reise durch die Sportpsychologie mitnehmen. Dabei werden wir Wege in die Sportpsychologie deutlich machen, vor allem aber auch Forschungslandschaften kennzeichnen und ausgesuchte Forschungsfelder beschreiben.

Dieses Buch betrachtet die Sportpsychologie aus der Perspektive der Mutterdisziplin Psychologie. Das einleitende Kapitel nimmt eine Gegenstandsbestimmung der Sportpsychologie vor und zeigt die Wege in die Sportpsychologie auf. Es folgen Oberkapitel zu Allgemeiner Psychologie, Sozialpsychologie, Entwicklungspsychologie, Differentieller Psychologie und Biologischer Psychologie – alle mit Bezug zur Sportpsychologie.

Im Forschungsfeld von Allgemeiner Psychologie und Sportpsychologie geht es zunächst um Wahrnehmung und Kognition und damit um innerpsychische Prozesse, die sich auf die Aufnahme, Verarbeitung und Speicherung von Informationen beziehen. Darunter fallen z. B. Blickbewegung, Antizipation und Entscheidungsverhalten. Das Verständnis von Motivation und Volition im Sport wird vor allem in Hinblick auf Motive im und für Sport, aber auch Handlungsergebniserwartungen und der Leistungsmotivation erläutert. Die Beschäftigung mit Emotionen im Sport beinhaltet die Auseinandersetzung mit Wettkampfangst oder Versagen unter Druck, sowie Emotionsregulation und Fragen nach der motivierenden Wirkung von Emotionen auf das Sporttreiben. Die Verbindung zwischen Psyche und Motorik wird aus der Embodiment-Perspektive beleuchtet und motorisches Lernen und Bewegungsstörungen runden das folgende Kapitel zur Psychomotorik ab.

Der Blick auf die Themenfelder Sozialpsychologie und Sport greift soziale Aspekte der Wahrnehmung, ebenso wie soziale Aspekte von Emotionen und Gruppenprozessen auf, wie beispielsweise soziale Erleichterung und soziales Faulenzen oder Führung. Soziale Aspekte der Wahrnehmung betreffen die Auseinandersetzung mit sozialem Einfluss und sozialen Vergleichen, mit Attributionsfehlern und Verzerrungen der Personenwahrnehmung. Zudem werden emotionale Ansteckung in Sportmannschaften oder Aggressionen unter Fußballfans thematisiert.

Entwicklungspsychologische Fragestellungen adressieren die lebenslange motorische, psychosoziale und kognitive Entwicklung im und durch Sport. Auch der für die Sportpraxis wichtige Bereich der Talentforschung wird mit den Themen der Talententwicklung und des relativen Alterseffekts angesprochen.

Unter der Perspektive der Differentiellen Psychologie wird der Zusammenhang zwischen Persönlichkeitsentwicklung und Sport mittels Sozialisations- und Selektionshypothese betrachtet und unter Berücksichtigung der Interaktionshypothese für die Relevanz und Messung von Talentmerkmalen im Sport diskutiert.

Schließlich nimmt das Kapitel zur Biologischen Psychologie die Möglichkeiten kinematischer, psychophysiologischer und neurowissenschaftlicher Methoden und ihre Bedeutung für die Erforschung sportpsychologischer Fragestellungen in den Fokus.

Das Schlusswort gibt einen Ausblick auf weitere sportpsychologische Themen, stellt integrative bzw. originäre sportpsychologische Forschung vor und wagt den Blick in die Zukunft der Sportpsychologie.

Als Teildisziplin der Psychologie scheint die Sportpsychologie bislang, verglichen mit anderen anwendungsbezogenen Teildisziplinen, wie der Wirtschaftspsychologie oder der Klinischen Psychologie, mitunter ein stiefkindliches Dasein zu fristen. Dennoch ist die Sportpsychologie besonders seit der Jahrtausendwende aus ihrem Dornröschenschlaf erwacht, denn die Sportpsychologie ist dabei, sich als Berufsfeld zu etablieren und erfreut sich steigender Beliebtheit als Studienfach.

Andere Springer-Bücher zur Sportpsychologie:

- Brand, R.,. & Schweizer, G. (2019). *Sportpsychologie – Verständnisgrundlagen für mehr Durchblick im Fach.* Berlin, Heidelberg: Springer.

- Hänsel, F., Baumgärtner, S. D., Kornmann, J. M., & Ennigkeit, F. (2016). *Sportpsychologie*. Berlin: Springer.
- Schüler, J., Wegner, M., & Plessner, H. (2020). *Sportpsychologie – Grundlagen und Anwendung*. Berlin: Springer.

… und zur Psychologie:

- Müsseler, J., & Rieger, M. (2017). *Allgemeine Psychologie*. Berlin Springer.
- Jonas, K., Stroebe, W., & Hewstone, M. (2014). *Sozialpsychologie*. Berlin: Springer.
- Lohaus, A., & Vierhaus, M. (2019). *Entwicklungspsychologie*. Berlin: Springer.
- Eckardt, G. (2017). *Persönlichkeits- und Differentielle Psychologie*. Berlin: Springer.
- Birbaumer, R. F. & Schmidt, N. (2006). *Biologische Psychologie*. Berlin: Springer.
- Brandstätter, V., Schüler, J., Puca, R.M., & Lozo, L. (2018). *Motivation und Emotion*. Berlin, Heidelberg: Springer.

Köln   Babett Lobinger
im Oktober 2020   Lisa Musculus
                                            Laura Bröker

Website-Seite

Lernmaterialien zur Sportpsychologie im Internet – www.lehrbuch-psychologie.springer.com

- Karteikarten: Überprüfen Sie Ihr Wissen
- Glossar mit zahlreichen Fachbegriffen
- Zusammenfassungen der Kapitel
- Verständnisfragen & Antworten zur Prüfungsvorbereitung
- Abbildungen und Tabellen für Dozentinnen und Dozenten zum Download

Frank Hänsel · Sören D. Baumgärtner
Julia M. Kornmann · Fabienne Ennigkeit

**Sport-
psychologie**

Springer

- Karteikarten: Prüfen Sie Ihr Wissen
- Zusammenfassungen der 16 Buchkapitel
- Glossar der wichtigsten Fachbegriffe
- Dozentenmaterialien zum Download: Foliensätze, Abbildungen und Tabellen

Ralf Brand · Geoffrey Schweizer

**Sport-
psychologie**

Verständnisgrundlagen
für mehr Durchblick im Fach

2. Auflage

Springer

- Glossar: wichtige Begriffe und Konzepte aus dem Buch kurz auf den Punkt gebracht
- Karteikarten: Prüfen Sie Ihr Wissen
- Verständnisfragen und Antworten
- Foliensätze sowie Tabellen und Abbildungen für Dozentinnen und Dozenten zum Download

**Einfach lesen, hören, lernen im Web – ganz ohne Registrierung! Fragen?
lehrbuch-psychologie@springer.com**

Inhaltsverzeichnis

Einführung: Psychologie und Sport 1

Diese Einführung in die Sportpsychologie gibt einen Überblick über das Selbstverständnis der Sportpsychologie an der Schnittstelle der Mutterdisziplin Psychologie, Sportwissenschaft und Sportpraxis. Dabei werden Bezüge, Perspektiven, Anwendungsfelder und Aufgabenbereiche der Sportpsychologie in einem „4 × 3 der Sportpsychologie" ausdifferenziert. Neben den Perspektiven der Psychologie im Sport, des Sports und für den Sport werden auch Anwendungs- und Berufsfelder vorgestellt und Zugangswege in die Sportpsychologie erläutert. Mithilfe der Einleitung möchten wir den Lesern und Leserinnen so einen Wegweiser durch die Sportpsychologie und durch dieses Buch an die Hand geben.

Fragen

Was ist Gegenstand der Sportpsychologie?
Wie wird man Sportpsychologe?

1.1 Das 4 × 3 der Sportpsychologie

Was ist Gegenstand der Sportpsychologie?
Die Psychologie beschäftigt sich mit dem Denken, Erleben und Verhalten von Menschen. Dabei betrachtet sie Menschen in verschiedenen Altersstufen, mit und ohne Einschränkungen, Menschen aus unterschiedlichen Kulturen, oder Menschen in unterschiedlichen Kontexten. Als Wissenschaftsdisziplin versucht sie psychische Prozesse zu beschreiben, Verhalten zu erklären, vorherzusagen und zu beeinflussen.

© Springer-Verlag GmbH Deutschland, ein Teil von Springer Nature 2021
B. Lobinger et al., *Sportpsychologie*, Was ist eigentlich ...?,
https://doi.org/10.1007/978-3-662-63043-3_1

▶ **Definition** „Die **Sportpsychologie** befasst sich mit Verhalten und Erleben im Rahmen sportlicher Aktivität […]. Sie ist darauf ausgerichtet, dieses Verhalten und Erleben zu beschreiben, zu erklären, zu beeinflussen und das gewonnene Wissen praktisch anzuwenden" (Alfermann und Stoll 2012, S. 16).

„Die **Sportpsychologie** ist eine anwendungsorientierte Wissenschaft, die sich mit dem Erleben und Verhalten von Menschen im Sport sowie den Ursachen und Wirkungen dieses Erlebens und Verhaltens beschäftigt" (Hänsel et al. 2019, S. 8).

Diese Definitionen werden von dem Verständnis der Psychologie dominiert, das auch wir einleitend nutzen – der Sport wird nicht weiter differenziert. Das war in den Pionierzeiten der Sportpsychologie noch anders:

▶ **Definition** „Die **Sportpsychologie** ist eine empirische Wissenschaft, die die Bedingungen, Abläufe und Folgen der psychischen Regulation *sportlicher Handlungen* untersucht und daraus Möglichkeiten ihrer Beeinflussung ableitet" (Nitsch 1978, S. 6).

Der Verhaltensbegriff ist hier durch den **Handlungsbegriff** ersetzt. Dies impliziert eine Orientierung innerhalb der Psychologie, die die grundsätzliche Handlungsfähigkeit des Menschen, seine Selbstbestimmtheit und Selbstverantwortung und damit auch die Innensicht der Akteure als relevant erachtet und als Ausgangspunkt versteht (vgl. Nitsch 2000).

▶ **Definition** „**Sportpsychologie** untersucht die psychischen, psychosomatischen und psychosozialen Bedingungen, Abläufe und Folgen sportbezogenen Handelns und leitet daraus Möglichkeiten zu deren systematischer Beeinflussung ab" (Nitsch et al. 2000, S. 13).

Die Sportpsychologie bewegt sich im Spannungsfeld von Psychologie, Sportwissenschaft und Sportpraxis. Dieser sogenannte „Triadische Bezug" (Gabler et al. 2000) ist kennzeichnend für die Entwicklung der Sportpsychologie und auch ihr Selbstverständnis. Der Sport ist in der Sportpsychologie in zweifacher Weise vertreten und relevant: als Sportwissenschaft und als Sportpraxis. Traditionell wird der originäre Zusammenhang zwischen Psychologie, Sportwissenschaft und Sportpraxis in seiner Wechselwirkung auch als „Magisches Dreieck" (Kunath 1995; Nitsch 1989) bezeichnet.

Während vor ca. 40 Jahren der Zusammenhang zwischen Sportpsychologie und **Sportwissenschaft** aufseiten der Sportwissenschaft vorwiegend über die Biomechanik, Sportmedizin, Sportpädagogik, Sportsoziologie und Sportphilosophie gesehen wurde (Gabler et al. 2000), bestehen aktuell – vor allem in der experimentellen Forschung – Bezüge zur Motorik (Schott et al. 2019). Eine differenzierte Übersicht zur Sportwissenschaft mit Bezug zur Sportpsychologie findet sich bei Brand und Schweizer (2019). Für das Verständnis der Interdisziplinarität der Sportwissenschaft lohnt auch der Blick in die Bewegungswissenschaft (Mechling und Munzert 2003).

Für die **Sportpraxis** sind mit Bezug zur Psychologie vor allem der Leistungssport, der Gesundheitssport und der Schulsport von Relevanz. Was das für die Verbindung von Psychologie und Sport bedeutet, lässt sich anhand von drei Perspektiven verdeutlichen: der **Psychologie im** Sport, der **Psychologie des** Sports und der **Psychologie für den** Sport (vgl. auch Nitsch et al. 2000).

Psychologie im Sport kennzeichnet einen Zugang bei dem Sport als Kulturbereich, als spezifisches Setting verstanden wird. Psychologische Theorien und Modelle haben den Anspruch, menschliches Verhalten generell abbilden zu können. Das kann beispielsweise deutlich gemacht werden an Entscheiden und Urteilen. Wenn man sich dafür interessiert, wie Menschen Entscheidungen treffen – und das evtl. noch unter Druckbedingungen, so sind beispielsweise Schiedsrichter ein prototypischer Fall: Sie müssen komplexe Situationen analysieren und unter Zeitdruck und Publikumsdruck Entscheidungen treffen und kommunizieren (MacMahon et al. 2015). Der Sport liefert so betrachtet besondere Rahmenbedingungen, um Gesetzmäßigkeiten menschlichen Verhaltens zu untersuchen. Für die empirische Forschung bietet die Sportpraxis in diesem Fall eine Testumgebung (engl. „testbed"), um psychologische Konstrukte und Modelle zu überprüfen.

Eine **Psychologie des Sports** hingegen geht der Frage nach spezifischem Erleben und Verhalten im Sport nach. Hier stehen beispielswiese psychologische Anforderungsprofile einzelner Sportarten und spezifische psychologische Aspekte im Vordergrund, die als sportpsychologische Konstrukte abgebildet werden, wie etwa die Wettkampfangst oder das Versagen unter Druckbedingungen (engl. „choking under pressure"). Ein Beispiel dafür ist etwa die „Psychologie des 11 m-Schützen im Fußball" (Fröse 2012).

Psychologie für den Sport schließlich nimmt explizit Bezug zur Anwendung wissenschaftlicher Erkenntnisse bzw. der Beantwortung von Fragestellungen aus der Sportpraxis und der Bereitstellung von Interventionsmaßnahmen für die Praxis. Diese Perspektive ist kennzeichnend für die Angewandte Sportpsychologie. Ausgangspunkt sind Anliegen der Sportpraxis. Die Angewandte Sportpsychologie nimmt dabei durchaus die Perspektive eines Dienstleisters (vgl. Staufenbiel et al. 2019 für den Leistungssport) ein. Eine häufige Anfrage aus dem Spitzensport ist beispielsweise, wie es gelingt, und was die Psychologie dazu beitragen kann, seine beste Leistung zu einem bestimmten Zeitpunkt abrufen zu können.

Neben diesen drei Perspektiven lassen sich traditionell drei zentrale Anwendungsfelder der Sportpsychologie in der **Sportpraxis** benennen: der Leistungssport, der Gesundheitssport und der Schulsport. Der **Leistungssport** scheint dabei am prominentesten zu sein und wird als Motor für die Entwicklung der Sportpsychologie insgesamt (Rieder 1979), vor allem aber der Etablierung der Angewandten Sportpsychologie verstanden (Lobinger et al. 2019). Ziel der **Angewandten Sportpsychologie** im Leistungssport ist es, die psychischen Aspekte der sportlichen Leistungsfähigkeit zu analysieren, zu trainieren und zu optimieren. Als Grundlage einer positiven und nachhaltigen Leistungsentwicklung werden die psychische Gesundheit und das Wohlbefinden der Sportlerinnen und Sportler gesehen (Staufenbiel et al. 2019, S. 16).

Auch der **Gesundheitssport** ist ein zentrales Anwendungsfeld der Sportpsychologie. In der „Sportpsychologie mit Perspektive Gesundheit" lassen sich zwei Forschungs- und Anwendungsfelder unterscheiden: die individuelle Bewegungsförderung und die „Wirkungen von körperlichen Aktivitäten auf Merkmale der psychischen Gesundheit und des Wohlbefindens" (Sudeck und Seelig, S. 73). Konkrete Themen sind beispielsweise die Motivation für den Gesundheitssport oder die Effekte von Sporttreiben auf die psychische Gesundheit und das Wohlbefinden, aber auch „Nebenwirkungen von Sport", wie Sportverletzungen, Essstörungen im Sport oder Sportsucht (Stoll et al. 2010).

Im Mittelpunkt der psychologischen Betrachtung des **Schulsports** stehen „die psychischen, psychosomatischen und psychosozialen Bedingungen, Abläufe und Folgen sportlicher Betätigung in der Schule" (Nitsch und Singer 2001, S. 110). Konkrete Themen sind beispielsweise motorisches Lernen im Sportunterricht (Hirtz und Hummel 2003), die Lehrer-Schüler-Interaktion im Sportunterricht (Pühse 2004) oder auch Stress bei Sportlehrern (v. Haaren-Mack et al. 2019; Schäfer et al. 2019).

Zu den erwähnten Bezügen, Perspektiven und Anwendungsfeldern kommen noch die **Aufgabenbereiche** der Sportpsychologie als viertes Charakteristikum. Und auch für die Aufgabenbereiche lassen sich drei Aspekte unterscheiden: sportpsychologische Forschung, Lehre und Anwendung. Wir sprechen daher insgesamt von einem „F & E der Sportpsychologie" (vgl. Abb. 1.1).

Sportpsychologische Forschung findet vor allem an Universitäten statt. Zur Forschung zählen dabei Theoriebildung, Methodenentwicklung und empirische Forschung (vgl. Nitsch 2000). Empirische Forschung im Sport wird beispielsweise gefördert vom Bundesinstitut für Sportwissenschaft (BISp). Sportpsychologische Inhalte werden nicht nur an Studierende oder postgraduell an Psychologen und Sportwissenschaftler vermittelt, sondern auch im Rahmen der Trainerlizenzen der Sportfachverbände des Deutschen Olympischen Sportbundes (DOSB) und des

Abb. 1.1 Das 4 × 3 der Sportpsychologie: Bezüge, Perspektiven, Anwendungsfelder und Aufgabenbereiche

Deutschen Fußballbundes (DFB) gelehrt. Die Anwendung sportpsychologischer Erkenntnisse erfolgt in den bereits erwähnten Berufsfeldern.

Die **Hauptberufsfelder** stellen derzeit Forschung und Lehre an Universitäten sowie der Leistungssport dar. An den Universitäten finden sich die Sportpsychologischen Fachbereiche überwiegend an den Sportwissenschaftlichen Lehrstühlen (vgl. Strauß 2019) und sind nur selten den Lehrstühlen der Psychologie zugeordnet. Im Leistungssport gibt es neben nur wenigen Stellen an den Olympiastützpunkten vor allem die Möglichkeit, auf Honorarbasis im Olympischen und Paralympischen Sport innerhalb der Sportfachverbände als Team- oder Verbandspsychologe tätig zu werden. In diesem Bereich gibt es eine enge Zusammenarbeit zwischen der Arbeitsgemeinschaft für Sportpsychologie (asp), DOSB und BISp (vgl. Wegweiser Angewandte Sportpsychologie). Besonders die Zusammenarbeit zwischen diesen Institutionen hat seit der Jahrtausendwende zu einer Etablierung der Angewandten Sportpsychologie im Leistungssport geführt (vgl. Lobinger et al. 2019). In den letzten Jahren werden verstärkt auch Sportpsychologinnen und Sportpsychologen in den Leistungszentren der Fußball Bundesligisten beschäftigt. Seit 2018 ist eine entsprechende Stelle Auflage der Lizensierung (vgl. Lobinger und Stoll 2019). Beim Deutschen Fußballverband (DFB) sind zudem Sportpsychologen in der Betreuung der Nationalmannschaften, sowie im Verband beschäftigt. Tätigkeiten im internationalen Esports z. B. als „mental performance coach" werden zunehmend häufiger. Im Gesundheitssport oder Freizeitsport lassen sich derzeit vergleichsweise weniger angestellte oder freiberufliche Sportpsychologen finden.

1.2   Der Wegweiser für Sportpsychologie

Wie wird man Sportpsychologe?
Auf der Suche nach einer grundlegenden Strukturierung für dieses Buch haben wir uns dafür entschieden, die **Psychologie als Startpunkt** zu nehmen. Ausgangspunkt der Reise durch die Sportpsychologie sind damit ausgesuchte **Grundlagenfächer** der Psychologie, so als würde ein frisch gebackener Bachelor der Psychologie, ausgestattet mit dem angeeigneten Wissen und den erworbenen Handlungskompetenzen, den Weg in die Sportpsychologie einschlagen (vgl. Abb. 1.2). Die gewählten Orientierungspunkte innerhalb der sportpsychologischen Forschungslandschaft sind die Allgemeine Psychologie, die Sozialpsychologie, Entwicklungspsychologie, Differentielle Psychologie und die Biologische Psychologie.

Die Spezialisierung für die Sportpsychologie kann bereits im Studium erfolgen oder im Anschluss an das Studium der Psychologie, oder der Sportwissenschaft, über eine **postgraduelle Fort- bzw. Weiterbildung,** wie sie von der asp angeboten wird. Traditionell führt der Weg in die Sportpsychologie über das Studium der Psychologie oder der Sportwissenschaften oder beider Studiengänge. Seit Einführung der Masterstudiengänge in Sportpsychologie ist der Zugang auch über ein einschlägiges Bachelorstudium in Psychologie oder Sportwissenschaften und den Master in Sportpsychologie möglich.

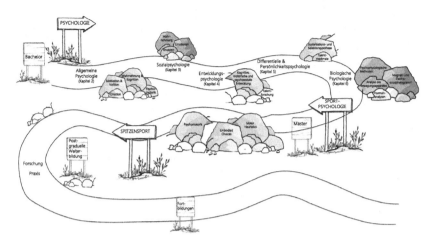

Abb. 1.2 Der universitäre Weg in und durch die Sportpsychologie

Für die Tätigkeit im Spitzensport ist eine zusätzliche Weiterbildung hilfreich und in Teilen auch erforderlich. Über die Zentrale Koordination Sportpsychologie (ZKS) des DOSB können gemeinsam mit einem Verband Gelder für die sportpsychologische Betreuung der Sportlerinnen und Sportler und oder Trainerinnen und Trainer beantragt werden. Die betreuenden Sportpsychologen, d. h. Psychologen oder Sportpsychologische Experten (i. d. R. Sportwissenschaftler mit dem Schwerpunkt Sportpsychologie) müssen auf der Expertendatenbank des BISp gelistet sein. Das erfordert i. d. R. ein einschlägiges Studium der Psychologie, Sportwissenschaften oder der Sportpsychologie und eine Spezialisierung in Sportpsychologie und Coaching im Leistungssport. Für den Verbleib auf der Datenbank müssen alle zwei Jahre Fortbildungen nachgewiesen werden. Fortbildungsangebote werden zumeist im Rahmen der Jahrestagung der asp angeboten, können aber beispielsweise auch bei Partnerorganisationen wie der Schweizer Arbeitsgemeinschaft für Sportpsychologie (SASP), dem Österreichischen Bundesnetzwerk Sportpsychologie (ÖBS) oder über Angebote der Fachgruppe Sportpsychologie des Berufsverbandes Deutscher Psychologinnen und Psychologen (BDP) erworben werden. Einen Überblick über weitere Initiativen findet sich bei Lobinger et al. (2019).

Allgemeine Psychologie und Sportpsychologie

In diesem Kapitel werden aktuelle Themen und Fragestellungen an der Schnittstelle von Allgemeiner Psychologie und Sportpsychologie vorgestellt. Dabei werden die Bereiche Wahrnehmung und Kognition, Motivation und Volition, Emotion sowie Psychomotorik abgedeckt. Die Leserinnen und Leser finden hier aktuelle Forschungsergebnisse, die sowohl in Hinblick auf theoretische und methodische Bedeutung eingeordnet und in Bezug zur Sportpraxis gebracht und diskutiert werden.

2.1   Wahrnehmung und Kognition

Wahrnehmung und Kognition sind zentrale Themenbereiche sowohl der Allgemeinen als auch der Sportpsychologie. Dabei befruchten sich Anwendungs- und Grundlagenfach gegenseitig: so stellt der Sport einen Kontext dar, in dem die individuelle Wahrnehmung und Kognition natürlicherweise bestimmten Bedingungen unterliegt. Typische Situationen im Sport sind zum Beispiel durch Dynamik, Zeitdruck und Unsicherheit gekennzeichnet. Dadurch können kognitionspsychologische Fragestellungen im Sport unter besonderen Bedingungen untersucht und Theorien getestet werden (Moran 2009; Raab 2012). Durch die Berücksichtigung beider Fächer entstehen dabei Synergien, die theoretischen, methodischen und praktischen Mehrwert kognitionspsychologischer Forschung im Sport erzeugen.

Kognitionspsychologische Fragestellungen werden in der Sportpsychologie seit ca. drei Jahrzehnten verstärkt bearbeitet (Moran 2009). Allgemein beschäftigt sich die Kognitionspsychologie mit innerpsychischen Prozessen, die sich auf die Aufnahme, Verarbeitung und Speicherung von Informationen beziehen

(z. B. Wahrnehmung, Aufmerksamkeit, Denken, Entscheiden). Dabei kann die Interaktion eines Individuums mit der Umwelt als kontinuierlicher Informationsaustausch angesehen werden. Dieser Informationsaustausch speist sich sowohl aus der Aufnahme von Informationen aus der Umwelt (bottom-up Prozesse) als auch von innerpsychischen Kontrollprozessen (top-down Prozesse). Während in der sportpsychologischen Leistungspsychologie kognitive Prozesse in erster Linie in Bezug auf sportliche Leistung und Expertise untersucht werden (Mann et al. 2007), stellt sportpsychologische Gesundheitspsychologie vor allem den Effekt von körperlicher Aktivität auf kognitive Leistung in den Fokus (Erickson et al. 2019). In diesem Kapitel werden exemplarisch verschiedene Fragestellungen und empirische Befunde aus dem Bereich der Leistungspsychologie und eine aktuelle wissenschaftliche Debatte aus der Gesundheitspsychologie umrissen.

In der sportpsychologischen Leistungspsychologie wird der übergeordneten Frage nachgegangen, welche perzeptuell-kognitiven Prozesse, Fertigkeiten oder Charakteristika kognitiver Funktionen zu sportlicher Leistung und Expertise beitragen bzw. für diese relevant sind (Mann et al. 2007; Voss et al. 2010). Dabei lassen sich zwei zentrale theoretische Perspektiven unterscheiden: Auf der einen Seite werden im Rahmen des „expert performance" Ansatzes (Ericsson 2003) sportspezifische perzeptuell-kognitive Prozesse und Fertigkeiten betrachtet. Diese werden mithilfe sportspezifischer, häufig videobasierter Tests erfasst (Musculus 2018; Williams und Ericsson 2005).

▶ **Definition Perzeptuell-kognitive Fertigkeiten** beziehen sich auf die Fertigkeiten von Menschen, Umweltinformationen zu identifizieren und einzuholen, um sie in bereits vorhandenes Wissen zu integrieren und somit eine geeignete Reaktion auswählen und ausführen zu können (Mann et al. 2007).

Auf der anderen Seite werden im Rahmen des „cognitive component skill" Ansatzes (Voss et al. 2010) allgemeine kognitive Prozesse und Funktionen, wie z. B. exekutive Funktionen (EF), mithilfe von allgemeinen, computerbasierten Reaktionszeittests erfasst. Der „cognitive component skill" Ansatz geht davon aus, dass sich Sportler und Nicht Sportler in diesen **allgemeinen kognitiven Prozessen** und Funktionen unterscheiden, weil das Sporttreiben diese in gewisser Weise fördert oder begünstigt. Im Gegensatz dazu ist die Grundannahme des „expert performance" Ansatzes, dass erfahrenere, bessere Sportler sich von weniger erfahrenen, guten Sportlern aufgrund von **sportspezifischen kognitiven Prozessen** und Fertigkeiten unterschieden.

▶ **Definition** Unter **exekutiven Funktionen** (EF) werden eine Reihe von kognitiven Kontrollfunktionen zusammengefasst, die benötigt werden, um sich zu konzentrieren und um darüber nachzudenken, wann es ungünstig wäre, direkt auf einen anfänglichen Impuls hin zu handeln. EF hängen von einem neuronalen Kreis ab, in dem der präfrontale Kortex eine wichtige Rolle spielt (Diamond 2012). Im Allgemeinen herrscht Einigkeit darüber, dass es drei Kern-EFs gibt: **Arbeitsgedächtnis, Inhibition** (auch „inhibitorische Kontrolle" genannt) und **kognitive Flexibilität** (Miyake et al. 2000).

Im Folgenden werden wir, gegliedert entlang des Informationsverarbeitungsprozesses (Johnson und Payne 1985), beispielhafte Fragestellungen zu relevanten sportspezifischen perzeptuell-kognitiven Fertigkeiten behandeln: Blickstrategien, die zur Informationsaufnahme relevant sind; Antizipation, um die nächste Aktion des Gegners vorherzusagen; und Entscheidungsfindung, die für die nächste eigene Aktion relevant ist.

Fragen

Wohin schauen Martial-Arts-Experten?
Wie antizipieren Tennisspieler welche Aktion ihr Gegner durchführt?
Wie treffen Fußballer Entscheidungen unter Zeitdruck?
Welche exekutiven Funktionen sind mit Expertise in Sportspielarten assoziiert?

Wohin schauen Martial-Arts-Experten?
Im Bereich der Wahrnehmung und Aufmerksamkeit spielt im Sport vor allem die **visuelle Wahrnehmung** eine zentrale Rolle. Es gab zwar in den letzten Jahren auch vermehrt Projekte zum Einfluss auditiver Wahrnehmung auf sportliche Leistung (Kennel et al. 2014), doch vor allem Studien zum Einfluss von Blickverhalten und Blickstrategien dominieren die Sportpsychologie (Hausegger et al. 2019; Klostermann et al. 2013). In einer Meta-Analyse aus dem Jahr 2007 konnte gezeigt werden, dass sich Blickstrategien von Experten im Vergleich zu weniger guten Athleten durch weniger aber längere Fixationen und eine längere Dauer des ruhenden Blicks (engl. „quiet eye") auszeichnen (Mann et al. 2007). In einer beispielhaften Studie aus 2019 wurde untersucht, inwiefern sich Blickstrategien von Kung-Fu- (Qwan Ki Do) von Tae-Kwon-Do-Kämpfern unterscheiden (Hausegger et al. 2019). Dabei

gingen die Autoren davon aus, dass sich die Blickstrategien in räumlicher Abhängigkeit zur angezielten Position eines möglichen Angriffs verhalten würden. Wie erwartet zeigte sich, dass Kung-Fu-Athleten, die sowohl mit Armen als auch mit Beinen attackieren, ihren Blickanker höher wählen als Tae-Kwon-Do-Athleten, die nur mit den Beinen attackieren und ihren Blick dementsprechend auch weiter nach unten ausrichten müssen. Damit zeigen die Autoren, dass es sportartspezifische Unterschiede in Blickstrategien gibt.

▶ **Definition Quiet Eye** bezeichnet die zeitlich längere Dauer der letzten Fixation bevor eine Bewegung initiiert wird (Klostermann et al. 2013). Es konnte gezeigt werden, dass eine längere Quiet-Eye-Dauer, die als ein stabilerer Blick beschrieben werden kann, mit besserer motorischer Leistung einhergeht, z. B. beim Freiwurf im Basketball (Vickers 1996).

Wie antizipieren Tennisspieler welche Aktion ihr Gegner durchführen wird?
Richtig zu antizipieren was der Gegner als nächstes tun wird, ist eine wichtige perzeptuell-kognitive Fertigkeit in verschiedenen Sportarten (siehe Williams und Jackson 2019 für einen ausführlichen Überblick). Situationen, in denen **Antizipation** relevant ist, sind Schläge beim Baseball oder Cricket, Torhüter-Aktionen bei Strafstößen im Fußball, Hockey oder Handball oder, klassisch, auch Returns von Aufschlägen in den Rückschlagspielen Tennis, Tischtennis oder Badminton. Zur Antizipation werden Körperpositionen des Gegners oder Kontextinformationen, wie die Position des Gegners auf dem Feld, oder Handlungssequenzen (z. B. im Tennis dreimal hintereinander kurz diagonal gespielt) genutzt.

Zur Untersuchung von Antizipation im Sport werden häufig sportspezifische Videotests verwendet, weil diese im Vergleich zu Bildern oder Taktiktafeln erlauben, die dynamische Sportsituation abzubilden (Starkes et al. 1995). Dabei zeigt man Versuchsteilnehmenden Videos einer sportlichen Handlung und/oder Situation, die in dem Moment stoppen, in dem eine gegnerische Handlung (z. B. Aufschlagrichtung) antizipiert oder eine Entscheidung getroffen werden muss. Der Ausgang der Spielsituation wird nicht präsentiert, sondern die Versuchsperson nach ihrer Reaktion gefragt bzw. um eine Reaktion gebeten. Beispielsweise kann man einem Torhüter im Handball Videosequenzen zeigen, in denen ein 7 m-Werfer zum Wurf ausholt, das Video stoppen und fragen wohin der Werfer wohl werfen würde – oder den Torhüter bitten, gegen diesen (zu antizipierenden) Wurf zu verteidigen. Dies bezeichnet man als **zeitliches Okklusionsparadigma**.

Okklusionsparadigmen

In der sportpsychologischen Forschung werden zur Untersuchung von sportspezifischen perzeptuell-kognitiven Fertigkeiten wie Antizipation und Entscheidung häufig sogenannte Okklusionsparadigmen verwendet. Man kann dabei zeitliche und räumliche Okklusionsparadigmen unterscheiden. In der Regel werden Videos von Sportsituationen gezeigt, die entweder zu einem gewissen Zeitpunkt stoppen (**zeitlich**) oder die bestimmte Informationen im Video (z. B. Körperteile der im Video zu sehenden Athleten) abdecken (**räumlich**). Mithilfe der zeitlichen Okklusion kann man herausfinden welche Handlungen antizipiert oder für welche Optionen sich Probanden entscheiden. Mithilfe der räumlichen Okklusion kann man herausfinden welche Informationen von Probanden genutzt werden, um zu antizipieren oder eine Entscheidung zu treffen.

In empirischen Studien konnte bezogen auf Körperpositionen beispielsweise gezeigt werden, dass es sport-spezifische Unterschiede gibt: Um die Aktion des Gegners zu antizipieren, fokussieren sich Fußballtorhüter beim Elfmeter auf das Standbein und die Hüfte des Elfmeterschützen und Tennisspieler achten auf den Schlagarm und/oder den Tennisschläger, um Aufschläge zu antizipieren. Im Gegensatz zu Anfängern betrachten Experten die Körperposition dabei eher global und achten auf Informationen nahe des Effektors der Handlung (vgl. Williams und Jackson 2019). Außerdem sind Experten besser darin Sequenzen richtig wieder zu erkennen und zu antizipieren (vgl. Williams und Jackson 2019).

Ein aktueller Trend der Antizipationsforschung stellt immer mehr den Einfluss des Kontexts in den Fokus (Murphy et al. 2016), da im Sport natürliche, unterschiedliche situative Bedingungen die kognitiven Prozesse der Athleten beeinflussen können. Eine Studie, in der Tennisspieler getestet wurden, hat beispielsweise verglichen, wie gut antizipiert wird, wenn nur der Ball, nur der Gegner oder beide entweder in einem statischen Bild oder dynamischen Video gezeigt wird/werden (Murphy et al. 2019). Die Ergebnisse zeigen, dass Experten und weniger gute Tennisspieler am schlechtesten sind, wenn sie nur den Ball sehen. Wenn die Flugkurve des Balls (Ball dynamisch) und der Spieler (statisch oder dynamisch) gezeigt werden, dann antizipieren Experten besser als weniger gute Tennisspieler. Dies bedeutet, dass die Ballflugkurve und Informationen zum Gegner relevante Kontextinformationen sind, die zur erfolgreichen Antizipation von Experten im Tennis beitragen.

Für die Sportpraxis ist relevant, ob und wie man die Fertigkeiten, Handlungsmuster und -strategien der Experten optimieren und beispielsweise im Zuge der Talentförderung auch an Fortgeschrittene oder sogar Anfänger vermitteln kann (weiterführende Informationen siehe Loffing et al. 2014).

Wie treffen Fußballer Entscheidungen unter Zeitdruck?
Im richtigen Moment die richtige **Entscheidung** zu treffen stellt besonders in den Sportspielen eine wichtige kognitive Fertigkeit dar. Vielleicht denken Sie auch an Toni Kroos, der als Spielmacher nicht nur viele, sondern auch sehr häufig die richtigen Entscheidungen zu treffen scheint. Das Besondere in Sportspielen wie z. B. im Fußball ist, dass man meist wenig Zeit hat, sich zu entscheiden, und dass Unsicherheit darüber herrscht was die Gegenspieler machen und welche Konsequenz die eigene Entscheidung haben wird. Dennoch muss man sich entscheiden. Mario Götze hat dies in „Die Mannschaft" (Spieß 2014) anschaulich beschrieben: „Im Fußball ist es ja meistens so, dass alles intuitiv und instinktiv passiert. [...] Man kann ja alles vorher nicht einschätzen. Das ist immer alles so spontan und man muss einfach handlungsschnell sein und in dem Moment 'ne Entscheidung treffen".

▶ **Definition Entscheiden** wird definiert als die Fertigkeit einer Person, zu einem bestimmten Zeitpunkt, unter verschiedenen Bedingungen, aus verschiedenen Optionen eine angemessene auswählen zu können (Bar-Eli et al. 2011). Entscheiden umfasst demnach zwei Prozesse: Optionsgenerierung und Optionsauswahl (Johnson und Raab 2003; Ward et al. 2013). Optionsgenerierung bezeichnet, dass man in einer Entscheidungssituation zunächst Optionen entwickeln muss, d. h. Möglichkeiten wie in dieser Situation gehandelt werden könnte. Optionsauswahl bezieht sich auf die darauf folgende Entscheidung für eine dieser Optionen.

Eine Entscheidungstheorie, die Entscheidungen unter Unsicherheit erklären kann und im Sport Anwendung gefunden hat, ist die Theorie der einfachen Heuristiken (engl. „simple heuristics"; Johnson und Raab 2003; Raab 2012). Für einen umfassenden Überblick und vergleichende Darstellung von theoretischen Ansätzen können die Kapitel von Schweizer und Plessner sowie Musculus und Kollegen hinzugezogen werden (Musculus et al. 2019). In Studien aus 2015, die auch das zeitliche Okklusionsparadigma genutzt haben, zeigte sich, dass Zeitdruck die Generierung von Optionen, nicht aber die finale Entscheidung beeinflusst: Unter Zeitdruck haben talentierte Fußballer runär hat insgesamt weniger Optionen, d. h. Handlungsmöglichkeiten, generiert. Die Qualität ihrer Entscheidung hat jedoch nicht gelitten, sie war mit und ohne Zeitdruck gleich (Belling et al. 2015).

Für die Sportpraxis ist interessant, ob und wie man Entscheidungsprozesse trainieren kann (Raab 2005; Schweizer und Plessner 2020). Wieso sind Experten wie Mario Götze in der Lage, in Bruchteilen von Sekunden aus ihrem motorischen Repertoire die richtige Lösung für die aktuelle Situation auszuwählen?

Wie muss das Training gestaltet werden, damit Nachwuchsfußballer ähnlich gutes Entscheidungsverhalten erlernen können (de Oliveira et al. 2014)?

Welche exekutiven Funktionen sind mit Expertise in Sportspielarten assoziiert? Dieser Frage geht man im Zuge der Erforschung von exekutiven Funktionen (EF) nach. Der oben beschriebene „cognitive component skill" Ansatz geht davon aus, dass Athleten bessere EF haben als Nicht-Athleten (Voss et al. 2010). In einer Meta-Analyse aus 2010 zeigte sich, dass die Unterschiede zwischen Athleten und Nicht-Athleten für Spielsportarten am größten waren. Demzufolge wurden seit 2010 verstärkt Studien im Fußball durchgeführt (Huijgen et al. 2015; Verburgh et al. 2014; Vestberg et al. 2012, 2017). Eine Studie, die Fußballer aus höheren Ligen mit Fußballern aus niedrigeren Ligen und einer Normstichprobe von Nicht-Fußballern verglichen hat, zeigte, dass die Fußballer aus höheren Ligen wie erwartet bessere Werte in Arbeitsgedächtnis, **Inhibition** und **kognitiver Flexibilität** aufzeigten als die Vergleichsgruppen (Vestberg et al. 2012). Das bedeutet, dass sie sich z. B. besser Instruktionen und taktische Ansagen merken (Arbeitsgedächtnis), ablenkende Informationen wie Gegnerrufe oder weniger gute Anspielstationen ignorieren (Inhibition) und zwischen verschiedenen taktischen Aufgaben wechseln (Flexibilität) können. Die Werte in den Tests für EF sagten auch die geschossenen Tore und Vorlagen zwei Jahre später vorher (Vestberg et al. 2012), sodass EF als ein wichtiger Faktor für Leistung auf dem Fußballplatz zu interpretieren sind.

Für die Sportpraxis lässt sich daraus folgern, dass EF, etwa die Geschwindigkeit, in der relevante Auslösereize erkannt werden können oder passende Reaktionsformen ausgewählt werden, eine Voraussetzung von Handlungsschnelligkeit im Sportspiel ist und folglich EF als Talentkriterien Beachtung erfahren sollten.

2.2   Psychomotorik

Der Begriff der Psychomotorik hat seine Wurzeln in sozialpädagogischen Arbeitsfeldern und fokussiert dort primär eine ganzheitliche Entwicklungsförderung (Kuhlenkamp 2017). Psychomotorik als Teilgebiet der Allgemeinen Psychologie beschäftigt sich mit willkürlichen, zielgerichteten Bewegungen, wobei die Verzahnung der Bewegung mit Wahrnehmung und kognitiven Prozessen betont wird. Was die die Ansätze der Psychomotorik demnach eint, ist das Verständnis, dass es einen engen Zusammenhang zwischen menschlicher Motorik, Wahrnehmung, Erleben, und Handlung gibt, dass also körperlich-psychologische Prozesse unteilbar sind. Mit diesem Verständnis nahe verwandt ist der Begriff des **Embodiment** (auch: Embodied Cognition), welcher beschreibt, dass der Körper ein Medium der Informationsverarbeitung und damit auch des (subjektiven) Erkenntnisgewinns ist. Der Embodiment-Ansatz distanziert sich also von jenen Forschungsansätzen, die Kognition als reine Informationsverarbeitung mentaler Repräsentationen verstehen und stellt die Bedeutung von körperlichen Gegebenheiten, Handlungserfahrungen und Handlungsbereitschaft für (höhere) kognitive Prozesse in den Vordergrund. Dies sei am Beispiel eines Fußballs erklärt. Während beim Gedanken an einen prototypischen Fußball, die kognitiven Ansätze ausschließlich eine mentale Repräsentation des Balls „vor dem inneren Auge" annehmen, gehen Embodiment-Ansätze davon aus, dass sämtliche bisherige Handlungserfahrungen durch den Gedanken aktiviert werden. Das bedeutet, dass der Gedanke an den Fußball zugleich Repräsentationen des Gefühls am Fuß, des Geruchs nach Leder, Gedanken an vergangene Spielsituationen, des Geräusches beim Schuss oder des typischen Gewichts des Balles in der Hand aktiviert. Die Radikalität der Embodiment-Ansätze variiert von der Betrachtung des Körpers als kontextueller Bedingung für kognitive Prozesse, bis hin zur Untrennbarkeit von Kognition und Körper (Barsalou 2008).

Fragen

Welchen Fragen geht der Embodiment-Ansatz im Sport nach?
Kann man mit Geräuschen Bewegungen besser lernen?
Wie kontrolliert und erlernt man Bewegungen?
Worauf sollte man seine Aufmerksamkeit beim Bewegungslernen richten?
Worin liegen die Vorteile von Mentalem Training?
Warum können bestimmte Bewegungselemente plötzlich nicht mehr ausgeführt werden?

Welchen Fragen geht der Embodiment-Ansatz im Sport nach?
Die Annahme, dass Körper und Geist untrennbar sind, ist auch handlungsleitend für die Sportpsychologie. So zeigt sich zum Beispiel, dass Kampfrichter die Bewegungen Anderer akkurater bewerten, wenn sie selbst über motorische und visuelle Vorerfahrung mit der Bewegung verfügen (Pizzera und Lobinger 2014) und dass Athleten wiederum Handlungen (wie z. B. Angriffsaktionen im Volleyball) besser vorhersagen als Schiedsrichter, da sie über eine größere motorische Vorerfahrung

verfügen (Cañal-Bruland et al. 2011). Auf neuronaler Ebene zeigt sich, dass Balletttänzer eine höhere Aktivierung relevanter motorischer Gehirnareale zeigten, wenn
sie Videos von Bewegungen sahen, die sie selbst ausführen konnten (Calvo-Merino
et al. 2006). Ebenso fand man eine höhere Aktivierung des auditorischen Kortexes,
wenn man Hürdenläufern die eigenen Geräusche beim Hürdenlauf vorspielte (Heins
et al. 2020).

Kann man mit Geräuschen Bewegungen besser lernen?
In jener Studie von Heins et al. (2020) sahen Probanden Videos von sich selbst
beim Stepptanz oder Hürdenlauf, in denen Geräusche synchron oder zeitlich versetzt
zur Bewegung zu hören waren. Die jeweils produzierten Geräusche unterschieden
sich dabei hinsichtlich ihrer Relevanz für die geplante Bewegung. Während beim
Stepptanz **Geräusche** gewollt produziert werden, entstehen sie beim Hürdenlauf als
Nebenprodukt der Bewegung. Die erhöhte neuronale Aktivität der Hürdenläufer ließ
darauf schließen, dass nicht intendierte Geräusche gründlicher verarbeitet werden
und erwartete Geräusche zu einer reduzierten Aktivierung des Kortexes führen. In
der Forschung existiert jedoch kein Konsens darüber, ob externe vs. interne Reize
besser für das Erlernen, die Verbesserung oder Interpretation der eigenen Leistung
sind (für unterschiedliche Positionen siehe z. B. Beilock et al. (2002) und Wulf,
Höß und Prinz (1998)).

Für die sportpsychologische Praxis ergeben sich aus diesen Befunden unterschiedliche, mögliche Konsequenzen. Für Trainer ergeben sich Empfehlungen für
die Trainingsgestaltung, da es sinnvoll sein kann, Töne gezielt für die Instruktion
von Bewegungen oder Erhöhung von Präzision zu nutzen. Für die Ausbildung von
Kampfrichtern kann es wichtig sein, dass sie über motorische Erfahrungen in den
zu beurteilenden Disziplinen verfügen.

2.2.1 Motorische Kontrolle, motorisches Lernen und Bewegungsvorstellungen

Wie kontrolliert und erlernt man Bewegungen?
Dass wir Menschen herausragende motorische Fertigkeiten besitzen, wird im
Sport immer wieder deutlich. Sowohl feinmotorische Kontrolle als auch die
Fähigkeit neue motorische Fertigkeiten zu erlernen, sind maßgeblich für die moto-
rische Leistungsfähigkeit. Damit sind auch zwei zentrale Teilgebiete von Motorik

benannt: motorische Kontrolle und motorisches Lernen; das dritte Teilgebiet, motorische Entwicklung, findet im Kapitel Entwicklungspsychologie Beachtung (vgl. Abschn. 4.2).

Motorische Kontrolle beschäftigt sich mit Mechanismen der internen Steuerung und Regelung, die das Erzeugen von räumlich-zeitlich präzisen Bewegungen ermöglichen. Damit sind Studien zur motorischen Kontrolle auch grundlegend für das Verständnis von motorischem Lernen und motorischer Entwicklung relevant. Definitionen motorischen Lernens umfassen unterschiedliche Beschreibungsdimensionen. Sie beschreiben motorisches Lernen als den Prozess zur Aneignung der Fähigkeit neue Handlungen und Bewegungsmuster zu produzieren. Motorisches Lernen resultiert unmittelbar aus Übung oder neuer Erfahrung, ist nicht direkt beobachtbar und muss anhand von beobachtbar verändertem Verhalten abgeleitet werden. Darüber hinaus bewirkt Lernen relativ dauerhafte Veränderungen der Fähigkeit zu zielgerichteten Handlungen. Definitionen motorischer Kontrolle hingegen umfassen die Planungs- und Koordinierungsfähigkeit, sowie aktive Ausführung und Steuerung einzelner Muskelgruppen (z. B. der Fingermuskulatur) oder komplexer Bewegungsmuster mit multiplen, synchronen Bewegungen (z. B. Tanzen).

Worauf sollte man seine Aufmerksamkeit beim Bewegungslernen richten?
Ein wichtiger Faktor sowohl beim Erlernen als auch bei der Ausführung einer Bewegung ist die Aufmerksamkeitslenkung. Die Aufmerksamkeit des Athleten, oder der Übenden, kann auf internale Aspekte wie die Bewegungen des Körpers, oder auf externale Aspekte wie die Umwelt gelenkt werden. So kann der Aufmerksamkeitsfokus einer Golferin beispielsweise auf der Handhaltung und Bewegung der Arme oder auf dem Loch und der Schlagdistanz liegen. Ob internale oder externale Aufmerksamkeitslenkung zuträglich für die motorische Kontrolle ist, ist abhängig davon, ob eine neue Bewegung erlernt oder eine bereits automatisierte Bewegung ausgeführt wird.

Novizen können bei der Aneignung von Bewegungsabläufen, besonders zu Beginn der Lernphase, von einem internalen Fokus der Aufmerksamkeit auf den Ausführungsprozess profitieren, da so einzelne Knotenpunkte der Bewegung gezielt angesteuert werden können (Beilock und Carr 2002). In der Literatur lassen sich jedoch auch Belege finden, dass ein externaler Fokus der Aufmerksamkeit generell positive Effekte hat. In der empirischen Forschung wurden bisher vor allem Instruktionen genutzt, um die gewünschte Aufmerksamkeitslenkung zu provozieren. Bei einer Jonglage-Aufgabe gelang es zum Beispiel einer external-instruierten Aufmerksamkeitsfokusgruppe besser alle Bälle gleich hoch zu werfen, wenn die Instruktion sich auf die Höhe der Bälle bezog. Gleichsam gelang es der internal-instruierten Gruppe besser Hände und Ellenbogen auf gleicher Höhe zu halten, wenn die Instruktion sich auf die Position der Gelenke bezog (Zentgraf und Munzert 2009). Darüber hinaus, scheint die Nutzung von Analogien als Instruktion, im Gegensatz zu detailgetreuen Bewegungsregeln, motorisches Lernen bei Novizen zu vereinfachen. Instruierte man Probanden beim Erlernen des Tischtennis-Vorhandtopspin zu schlagen, als warfen sie einen Diskus oder grüßten einen Kapitän, konnten sie mit einer schnelleren Bewegung eine höhere Trefferleistung in einer anschließenden komplexen Entscheidungssituation aufwarten als Probanden, die über Bewegungsregeln instruiert wurden (Tielemann et al. 2008). Aktuellere Befunde weisen jedoch darauf hin, dass Instruktion zu einem bestimmten Aufmerksamkeitsfokus im Lernverlauf nicht unbedingt beibehalten wird und Übende im Laufe einer Lernphase eher einen neutralen Fokus nutzen und für sich modifizieren (Schlapkohl et al. 2010).

Während der Einfluss internaler vs. externaler Aufmerksamkeitslenkung für die Aneignung neuer Bewegungsabläufe häufig debattiert wird, zeigt sich ein einheitlicheres Bild für den Einfluss auf automatisierte Bewegungsabläufe. Bei professionellen Sportlern steigert sich die Qualität der Bewegungsausführung vor allem durch einen externalen Fokus. Erklärt wird dies einerseits dadurch, dass die Verarbeitung des sensorischen Inputs und des motorischen Outputs einer Bewegung an dieselben neuronalen Verknüpfungen gebunden sind und ein Fokus auf die Ausführung somit automatisierte Verbindungen stört. Andererseits provoziert ein internaler Fokus eine Deprozeduralisierung der automatisierten Bewegung und verbraucht vermehrte kognitive Ressourcen, die mit den automatisierten Bewegungsabläufen interferieren. Bei professionellen Sportlern empfiehlt sich deshalb die Nutzung von Anweisungen, die sich auf die Effekte der Bewegung konzentrieren. Erfolge zeigen sich vor allem bei Golfern, die sich auf die Trajektorie des Balls konzentrierten, bei Balletttänzern, die sich auf bestimmte Punkte in ihrer Umgebung konzentrieren und sich Bewegungen anhand von Metaphern vorstellen (z. B. einen Ballon im Plié stetig unter Wasser drücken, wobei der Ball an der Oberfläche schwebt) oder bei Fußballern, die sich beim Dribbeln auf den Ball und nicht die Füße konzentrieren. Einzelne Studien weisen außerdem darauf hin, dass das Geschlecht diesen Effekt moderiert und dass vor allem Sportlerinnen von einem externalen Fokus profitieren, weil sie häufig mehr und länger darüber nachdenken, ob sie Handlungen korrekt ausführen (Wulf et al. 2003; Becker und Smith 2013).

Worin liegen die Vorteile von Mentalem Training?
Zusätzlich zum Erlernen und der aktiven Ausführung von Bewegungen, kann auch die reine Vorstellung von simplen motorischen Sequenzen oder komplexen Bewegungsmustern bis hin zu ganzen Choreografien motorische (und kognitive) Leistung positiv fördern. Die Besonderheit dieses Mentalen Trainings bzw. des Trainings der Bewegungsvorstellung liegt vor allem in seiner Effektivität für Lernprozesse.

▶ **Definition** Unter **Mental Imagery** (MI; auch mental rehearsal oder mental practice) wird der mentale Simulationsprozess der Empfindung perzeptueller Informationen (sehen, fühlen, etc.) in Abwesenheit eines realen sensorischen Inputs verstanden (Moran et al. 2012). **Motor Imagery** bezeichnet konkreter die mentale Simulation von Körperbewegungen. In diesem Zusammenhang bietet **Mentales Training** die Möglichkeit, einen bewussten, kognitiven Zugang zum Inhalt und zur Ausführung einer Bewegung zu erhalten, und motorische Leistungen überdauernd zu verbessern oder zu stabilisieren ohne dass dabei eine nennenswerte Bewegung zu beobachten ist (Munzert und Zentgraf 2020).

Obwohl für **Lerneffekte** in der Motorik üblicherweise eine hohe Anzahl von aktiven physischen Übungen notwendig ist, erreicht man durch mentales Training häufig erstaunlich große Effekte. Diese sind auch auf neuronaler Ebene identifizierbar. Eine EEG-Analyse der Wirksamkeit von mentalem Training ergab, dass neuronale Aktivierungsmuster sich stark ähneln, es also kaum funktionale Unterschiede zwischen aktiver Ausführung und Vorstellung gibt (Frenkel et al. 2012). Zurückzuführen ist diese Aktivierung unter anderem auf die Hebb'sche Regel, dass durch wiederholte Aktivierung, egal ob physisch oder mental, neuronale Assoziationen gestärkt werden. Relevant für den Effekt des mentalen Trainings ist allerdings der Aufgabentyp. Während sich hohe Effektstärken bei mentalen Trainings zeigen, die **kognitive Aufgaben** enthalten (z. B. Labyrinthaufgaben), zeigen sich eher mittlere bis geringe Effektstärken bei **motorischen oder Kraftaufgaben** (Zentgraf und Munzert 2014). Letztere erfordern häufig auch einen längeren Trainingsumfang. Jedoch demonstrierten Grosprêtre und Kollegen (2018) nach bereits einwöchiger Trainingsphase eine Erhöhung der isometrischen Kraftleistung durch mentales Training, sodass neuroplastische Veränderungen durch kraftbezogene Bewegungsvorstellungen auch kurzfristig erreichbar sind (Zentgraf und Munzert 2014). Darüber hinaus scheinen Anfänger besonders von kognitiven Aufgaben, Fortgeschrittene jedoch von kognitiven und motorischen Übungen zu profitieren, weil sie bereits über Vorerfahrung mit der Bewegung verfügen. Eine **Kombination** des physischen und mentalen Trainings zur Steigerung der Leistungsfähigkeit scheint deshalb empfehlenswert und es gibt bereits konkrete Beispiele, die diese Empfehlung stützen. So zeigte sich bei Radfahrern und Golfern, dass nur die Kombination von mentalem und physischem Training, im Gegensatz zu ausschließlich mentalem oder ausschließlich physischem Training, zu einer deutlichen Verbesserung der Sprintleistung und einem Leistungszuwachs der motorischen Kontrolle führte (Van Gym et al. 1990; Brouziyne und Molinaro 2005). Unabhängig von der physischen Leistungssteigerung, zeigt sich darüber hinaus ein kompetitiver Vorteil für Mannschaften, die sich mental auf Wettbewerbe vorbereiten und ihre Konzentrationsfähigkeit steigern (Coetzee et al. 2006), sowie für Athleten, die verletzungsbedingt aus dem aktiven Trainingsbetrieb ausscheiden aber nach längeren Sportpausen ohne Steigerung der körperlichen Belastung verringerte Leistungseinbußen verzeichnen. Für die Trainingspraxis bietet sich daher eine Kombination von mentalem und motorischem Training an.

2.2.2 Bewegungsstörungen

Warum können bestimmte Bewegungselemente plötzlich nicht mehr ausgeführt werden?
Wie komplex manche Bewegungen sind und wie viel motorische Kontrolle sie erfordern merkt man nicht selten erst dann, wenn die Ausführung einer bestimmten Bewegung nicht mehr funktioniert. Interessanterweise (und zum Unmut der Betroffenen) gibt es eine ganze Reihe von solchen Beispielen. Plötzlich sind Sportlerinnen nicht mehr in der Lage, ein bestimmtes Bewegungselement auszuführen: die Trampolinturnerin kann keinen Fliffis (Doppelsalto vorwärts mit halber Schraube) mehr springen, der Dartspieler setzt immer wieder zum Wurf an ohne den Pfeil loslassen zu können und der Golfer hat plötzlich beim Putten ein Zucken in seinem Handgelenk, das er nicht mehr kontrollieren kann. Prinzipiell sind alle drei in der Lage, die Bewegung korrekt auszuführen, aber selbst wenn sie es wollen und je mehr sie sich anstrengen, sie können es nicht mehr – man spricht daher auch von Paradoxer Performanz (engl. „paradoxical performance"; Lobinger et al. 2015).

Im Golf nennt man das Phänomen **„Yips"**, weil das plötzliche und unkontrollierbare Zucken im Handgelenk beim Putten einem (motorischen) Schluckauf gleicht. Im Darts spricht man von „Freezing", da die Hand mit dem Dartpfeil gleichsam gefriert und der Dartpfeil nicht mehr geworfen werden kann. Im Bogenschießen nennt man es „Goldfieber", da man ein ähnliches Phänomen des Einfrierens dem (nervlichen) Versagen unter Druck zuschreibt. Im Baseball heißt es nach einem berühmten betroffenen Pitcher „Steve Blass Disease". Beim Turnen spricht man vom „lost skill". Gemeinsames Merkmal der betroffenen Bewegungen bzw. Bewegungselemente ist die Anforderung einer passgenauen motorischen Kontrolle bei hoher Präzision bzw. unter zeitlich-räumlichen (und auch sozialen) Druckbedingungen (vgl. Klämpfl et al. 2020). Für die Betroffenen führt die Beeinträchtigung bzw. Erkrankung nicht selten zu Leistungseinbußen, die sogar zu einem Karriereende führen können. Die beschriebenen Phänomene gehen zumeist über das Versagen unter Druck (vgl. Abschn. 2.4.3) hinaus, da sie besonders die motorische Kontrolle und erlernte Bewegungsprogramme zu betreffen scheinen. Wenn sich das Phänomen verfestigt bzw. chronisch auftritt, kann daher durchaus von einem **dynamischen Stereotyp** (Lobinger et al. 2015) oder **aufgabenspezifischen Bewegungsstörung** gesprochen werden (Marquardt und Hermsdörfer 2014). Für solche aufgabenspezifischen Bewegungsstörungen existiert derzeit keine allgemein akzeptierte Definition. Kernmerkmal ist, dass die Ausführung einer häufig trainierten, lange erlernten motorischen Fertigkeit scheitert, ohne dass ein generelles motorisches Defizit vorliegt.

Der Yips beim Golfputt ist die bisher am meisten untersuchte Bewegungsstörung. Für die plötzlich auftretende Zuckung oder Verkrampfung der Handmuskulatur existieren neurologische, psychologische und motorische Erklärungsansätze. Als neurologische Ursache wurde beispielsweise die Fokale Dystonie vorgeschlagen. Diese auch beim Schreib- und Musikerkrampf diskutierte Ursache kann zurückzuführen sein auf gestörte Inhibitionsmechanismen des zentralen Nervensystems, ungünstige sensorische Wahrnehmungsfunktionen (vgl. Altenmüller et al. 2014) sowie veränderte motorische Repräsentationen durch Überbeanspruchung (engl. „overuse-Hypothese", Russotto und Perlmutter 2008). Zu den personenbezogenen psychologischen Ursachen zählen übermäßige Angst, Perfektionismus, bewusste Bewegungskontrolle (engl. „reinvestment") bzw. ungünstige Stressverarbeitungsmechanismen. Aufgabenspezifische Anforderungen wie etwa der beschriebene Präzisionsdruck werden im Sport bislang eher selten diskutiert (vgl. Klämpfl et al. 2020).

Da die Ursachen des Yips nicht ausreichend geklärt sind, bedürfen Interventions- und Trainingsmaßnahmen derzeit noch weiterer Forschung. Erfolge werden jedoch mit kleineren, symptomorientierten „Tricks" verzeichnet, wie beispielsweise der Manipulation des Golfschlägers (Longputter) oder dem Erlernen vielfältiger Griffarten (Gerland 2015). Längerfristig bewährt hat sich ein intensiver Neu- oder Umlernprozess, der psychologisch begleitet wird und sportpsychologische Trainingsformen beinhaltet. Wie dies für das lost-skill Syndrom aussehen kann und erfolgreich umgesetzt werden kann, zeigt das eindrucksvolle Beispiel der britischen Trampolinturnerin Bryony Page, die unter dem lost-skill Syndrom litt und sich systematisch wieder zu alter Leistungsstärke kämpfte – bis hin zu dem Gewinn der Silbermedaille bei den Olympischen Spielen 2016. Für die Sportpraxis ist präventiv zu überlegen, wie motorische Lernprozesse möglichst abwechslungsreich und vielfältig gestaltet werden können, um die Gefahren einer zu frühen Spezialisierung, der Überbelastung und einer eventuell daraus entstehenden Bewegungsstörung entgegenwirken zu können.

2.3   Motivation und Volition

Die **Motivation** beantwortet die Frage nach dem Warum unseres Verhaltens, d. h. nach den **Beweggründen** aus denen ein Mensch etwas tut oder unterlässt, die **Volition** eher nach dem **Willen,** einen Vorsatz in die Tat umzusetzen. Im Sport spielen beide eine große Rolle. Der Trainer will die Spieler motivieren, dem jugendlichen Sprinter fehlt die Motivation weiterhin so hart zu trainieren und die Seniorin würde gern mehr für ihre Gesundheit und Beweglichkeit tun, kann sich aber nicht aufraffen sportlich aktiv zu werden.

Um diesen Phänomenen auf den Grund zu gehen ist es wichtig, sich dem Konstrukt der Motivation aus theoretischer Sicht zu nähern. Wir unterscheiden daher im Folgenden zwischen **Motiven** und **Bedürfnissen** und dem **Prozess der Motivierung** und stellen die zwei prominentesten Ansätze der Sportpsychologie vor: die Selbstbestimmungstheorie (engl. „self-determination theory"; Deci und Ryan 2000; Ryan und Deci 2017), die primär in der internationalen sportpsychologischen Forschung genutzt wird, um Fragen der Motivation zu sportlicher Betätigung zu klären, und die theoretische Perspektive der Motivation als Produkt von Person und Situation (Heckhausen und Heckhausen 2006).

> **Fragen**
>
> Wie kann ein Trainer zu mehr Motivation zu körperlicher Aktivität beitragen?
> Wie schafft es eine ältere Frau, körperlich aktiv zu werden und zu bleiben?
> Wie motiviert man sich für eine Leistung in einer sportlichen Wettkampfsituation?
> Wie wichtig ist Willenskraft für jugendliche Sportler?

Der Mensch trachtet danach, bestimmte Bedürfnisse (engl. „needs") zu befriedigen. Ebenso wie in Emotion, steckt in Motivation das lateinische Verb „movere", bewegen. Was den Einzelnen bewegt, also welche Motive oder Motivbündel für eine Person relevant sind, ist sehr unterschiedlich. Die individuelle Motivausprägung ist somit ein Merkmal einer Person. Die aktuelle Motivation kann als Prozess des Zusammenspiels von Motiv und einem Anreger bzw. Anreiz verstanden werden. Wenn bei einem Menschen beispielsweise das Hilfemotiv ausgeprägt ist, er also gerne anderen Menschen hilft, dann wird die Notlage einer Person, z. B. eine Autopanne oder ein zu schwerer Koffer im Zug, vermutlich dazu führen, dass er den Betroffenen gerne seine Hilfe anbietet. Wessen **Leistungsmotiv** hoch ausgeprägt ist, der stellt sich gerne Leistungssituationen wie Wettkämpfen. Man spricht hier auch von der Anreizmotivation(in) einer Situation.

▶ **Definition** Alles was Situationen an Positivem oder Negativem einem Individuum verheißen oder andeuten, wird als „**Anreiz**" bezeichnet, der einen „Aufforderungscharakter" zu einem entsprechenden Handeln hat. Dabei können Anreize an die Handlungstätigkeit selbst, das Handlungsergebnis und verschiedene Arten von Handlungsergebnisfolgen geknüpft sein (Heckhausen und Heckhausen 2006, S. 3).

In Hinblick auf Anreize ist auch eine weitere Unterscheidung innerhalb der Motivationspsychologie von Relevanz: die zwischen **impliziten** und **expliziten Motiven.** Dabei versteht man unter impliziten Motiven unbewusste und affektbasierte Präferenzen, sich spontan mit bestimmten Dingen auseinander zu setzen, während explizite Motive sich als bewusste, handlungsleitende Überzeugungen verstehen lassen. Explizite Motive sind folglich über Befragungen zugänglich und führen zu extrinsischer Motivation (vgl. Gröpel et al. 2015).

2.3.1 Selbstbestimmungstheorie der Motivation

Die Unterscheidung zwischen **intrinsischer** und **extrinsischer** Motivation hat auch in den alltäglichen Sprachgebrauch Eingang gefunden. Die intrinsische Motivation beschreibt einen Antrieb, der aus der Person herauskommt: Man tut eine Sache gewissermaßen um ihrer selbst willen. Von extrinsischer Motivation spricht man hingegen, wenn Belohnungen von außen dazu führen, dass man aktiv wird. Diese Unterscheidung findet sich auch in der **Selbstbestimmungstheorie** (engl. „self-determination-theory", SDT) nach Deci und Ryan (2000). Die Autoren gehen davon aus, dass eine intrinsische, selbstbestimmte und damit autonom-regulierte Motivation mit der Tendenz einhergeht sich Neues zu suchen, Kenntnisse auszubauen und aus eigenem Antrieb persönlich interessanten Aktivitäten nachzugehen. Dazu bedarf es einer gewissen Freiheit in der Wahl der Aktivitäten. In ihrer Selbstbestimmungstheorie postulieren Deci und Ryan (2000) drei psychologische Grundbedürfnisse: Autonomie, Kompetenz und Verbundenheit. Alle drei Bedürfnisse sind für die lebenslange geistige Entwicklung, Integrität, das Wohlbefinden sowie für die Entwicklung von intrinsischer Motivation notwendig. Autonomie beinhaltet das Bedürfnis, bei Entscheidungen Wahlmöglichkeiten zu haben und selbstbestimmt entscheiden zu können; Kontrolle von außen verringert das Gefühl der Autonomie. Kompetenzerleben geht

einher mit selbstsicherem Handeln und Selbstbewusstsein. Verbundenheit schließlich beschreibt das Bedürfnis und den Wunsch nach Zuneigung und Fürsorge
anderer. Bleiben diese drei Bedürfnisse unbefriedigt, führt das nach Meinung
der Autoren zu dem Fehlen der Motivation, „Amotivation", und gesundheitlichen
Beeinträchtigungen. Die in der SDT postulierten Motive lassen sich gut in Fragebögen abbilden, welche deshalb erlauben das Ausmaß der Bedürfnisbefriedigung
durch Sporttreiben zu messen (Wilson et al. 2006) und Aufschluss darüber geben,
welche Motive regelmäßige körperliche Aktivität fördern.

Ein systematisches Review (Teixeira et al. 2012) konnte auf der Basis von 66
Studien zur SDT zeigen, dass es positive Zusammenhänge zwischen Autonomie-
erleben im Sport und Motivation zu körperlicher Aktivität gibt. Dabei scheint die
intrinsische Motivation besonders für längerfristiges Engagement wichtig zu sein.
Für andere Motive, wie das Gesundheitsmotiv oder körperbezogene Motive ergab
sich eine uneindeutige Befundlage.

Wie kann ein Trainer zu mehr Motivation für körperliche Aktivität beitragen?

Ob die Befriedigung der in der SDT postulierten Bedürfnisse im Sport erfolgen
kann, hängt auch maßgeblich davon ab, ob wichtige Personen wie Trainer, Freunde
oder Familie Autonomie-unterstützend sind. Der Trainer sollte z. B. die Perspektive
vom Sportler in Betracht ziehen oder Wahlmöglichkeiten anbieten, positives Feedback geben und im Training Herausforderungen anbieten, die gut bewältigt werden
können und insgesamt für ein gutes Trainingsklima sorgen (Edmunds et al. 2008).

2.3.2 Motivation als Produkt von Person und Situation

Heckhausen und Heckhausen (2006) bezeichnen das Streben nach Wirksamkeit
und die Organisation von Zielengagement und Zieldistanzierung als universelle
Charakteristiken des menschlichen Handelns (vgl. Standardwerk *Motivation und
Handeln*). In ihrem Überblicksmodell spielen daher neben den Personenmerk-
malen und situativen Merkmalen, und ihrer Interaktion, Handlungsergebniserwartungen und Handlungsfolgeerwartungen eine zentrale Rolle. Das soll an einem
Beispiel aus dem Sport verdeutlicht werden. Wenn eine ältere Person sich über-
legt, sportlich aktiv zu werden, stellt sich die Frage, was sie sich von einer
regelmäßigen sportlichen Betätigung versprechen kann und was die Folgen sein
werden. Wird sie zum Beispiel beim Treppensteigen und Wandern weniger schnell

außer Atem kommen und folglich wieder längere Wandertouren mit den Freunden unternehmen können?

▶ **Definition** „Die **Motivation** einer Person, ein bestimmtes Ziel zu verfolgen, hängt von persönlichen Anreizen, persönlichen Präferenzen und deren Wechselwirkung ab. Die resultierende Motivationstendenz ist zusammengesetzt aus den verschiedenen nach dem persönlichen Motivprofil gewichteten Anreizen der Tätigkeit, des Handlungsergebnisses und sowohl von internen, die Selbstbewertung betreffenden, als auch von externen Folgen" (Heckhausen und Heckhausen 2006, S. 7).

Der Selbstregulation kommt also eine zentrale Bedeutung zu.

▶ **Definition** „Eigene regulative Prozesse, die entscheiden, welche Motivationstendenzen bei welchen Gelegenheiten und auf welche Weise realisiert werden sollen, werden **Volitionen** genannt" (Heckhausen und Heckhausen 2006, S. 7).

Im Verlauf einer Handlung, d. h. in den Phasen des Abwägens, der Planung, des Handelns und des Bewertens, wechseln sich motivationale Erfordernisse und volitionale Erfordernisse ab. Dies wird im sogenannten **„Rubikon-Modell"** (Heckhausen und Heckhausen, 2006) dargestellt, das in verschiedenen Prozessmodellen des Gesundheitsverhaltens aufgegriffen und weiterentwickelt wurde.

2.3.3 Motivation, Volition und körperliche Aktivität

Wie schafft es eine ältere Frau, körperlich aktiv zu werden und zu bleiben?
Das sozial-kognitive Prozessmodell des Gesundheitsverhaltens (engl. „health action process approach"; HAPA siehe Abb. 2.1) postuliert, dass im Zuge einer Verhaltensveränderung sowohl motivationale als auch volitionale Prozesse stattfinden (vgl. Schwarzer und Fleig 2014). In der motivationalen Phase wird eine Intention formuliert, die in der folgenden volitionalen Phase konkret geplant, realisiert und dabei evtl. auch gegen Widerstände durchgesetzt werden muss. In den beiden Phasen greifen unterschiedliche psychologische Mechanismen: Die motivationale Phase ist geprägt von Risikowahrnehmung, Handlungs-Ergebnis-Erwartung und Selbstwirksamkeitserwartung, während die volitionale Phase durch Planungsprozesse, Selbstwirksamkeitserwartung und Handlungskontrolle bestimmt wird.

Um das HAPA Modell auf seinen Erklärungswert für sportliche Aktivität oder Inaktivität zu testen wurden 175 inaktive, ältere Frauen zwischen 45 und 60 Jahren in einer insgesamt 12-wöchigen Studie begleitet (Barg et al.

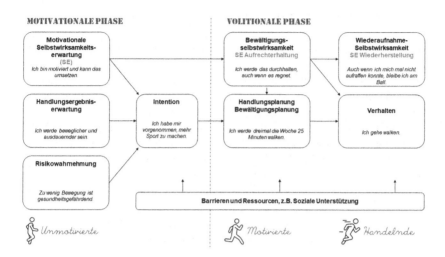

Abb. 2.1 Prozessmodell des Gesundheitsverhaltens (HAPA-Modell nach Schwarzer et al. 2008)

2012). Dabei wurden die Bewegungsaktivitäten erhoben und Risikowahrnehmung, Handlungsergebniserwartung und motivationale Selbstwirksamkeit (engl. „action self-efficacy") und Intention zu Beginn gemessen und Handlungsplanung und Aufrechterhaltungs-Selbstwirksamkeitserwartung (engl. „maintainance self-efficacy") nach vier Wochen. Ein Strukturgleichungsmodell zeigte eine gute Passung des HAPA Modells: die Motivationale Selbstwirksamkeit war der beste Vorhersagewert für die Intentionsbildung und die Bewältigungsselbstwirksamkeit der beste Prädiktor für Planung und Verhalten (Barg et al. 2012). Will man das konkretisieren, so könnte man sagen, dass die Einstellung: „Ich kann das, also nehme ich es mir vor" und die Überzeugung: „Ich will das, also plane ich es und setze es um" erfolgversprechend sind, wenn es um die Aufnahme körperlicher Aktivität geht. Die theoretischen Konstrukte ermöglichen ein besseres Verständnis für die Bedingungen der Verhaltensänderung (Schwarzer und Fleig 2014). Für die Praxis empfiehlt sich eine stärkere Berücksichtigung individueller Selbstwirksamkeitsüberzeugungen, um attraktive Programme für diese Zielgruppe anbieten zu können.

2.3.4 Motivation, Volition und Leistung

Wie motiviert man sich für eine Leistung in einer sportlichen Wettkampfsituation?
Das **Leistungsmotiv** (engl. „achievement motive") und der Prozess der Leistungsmotivation (engl. „achievement motivation" bzw. „performance motivation") haben im Wettkampfsport besondere Aufmerksamkeit erfahren.

In der Forschung zur Leistungsmotivation stehen persönlichkeitsspezifische Komponenten im Vordergrund (vgl. Gabler 2000). Im Rahmen der Talententwicklung wurden entsprechend Verfahren zur Messung des Leistungsmotivs entwickelt (Elbe et al. 2003, 2005). Menschen unterscheiden sich neben der Präferenz von Anreizen auch in der Kausalattribuierung (vgl. Abschn. 3.1.3) und in der Motivausprägung, d. h. einer Erfolgszuversichtlichkeit versus einer Misserfolgsängstlichkeit. Erfolgsmotivierte motivieren sich durch die Hoffnung auf Erfolg während Misserfolgsmotivierte danach streben Misserfolge zu vermeiden.

Ein verwandtes Konzept stellt der Regulatorische Fokus dar. Der Promotions-Fokus (engl. **„promotion-focus"**) beschreibt eine Selbstregulation, die auf die Hoffnung ausgerichtet ist, eine Aufgabe zu erfüllen oder ein Ziel zu erreichen, während der Präventions-Fokus (engl. **„prevention-focus"**) die Ausrichtung auf Sicherheit und Verantwortung abbildet (Memmert et al. 2009). Eine Eishockeyspielerin kann sich zum Beispiel dadurch motivieren, dass sie primär Tore erzielen möchte (promotion), eine Mitspielerin wiederum eher dadurch, dass sie vor allem gegnerische Tore verhindern möchte (prevention). Wir würden erwarten, dass der promotion focus besser zu einer Angriffsspielerin passt und der prevention focus besser zu einer Abwehrspielerin. Die Theorie sagt vorher, dass es zu Leistungsvorteilen kommt, wenn eine Person in eine Situation kommt, die ihrem präferierten Fokus entspricht (engl. „regulatory-fit-effect", RFI). Häger et al. (2014) konnten in einer Studie zum Basketballfreiwurf zwar den RFI nicht bestätigen, aber es zeigte sich, dass leistungsstarke Basketballspieler eher von einer prevention-Instruktion profitierten. Für eine Vertiefung der Thematik siehe Häger (2016).

Wie wichtig ist Willenskraft für jugendliche Sportler?
Da Wille oder die Willenskraft eher als Persönlichkeitseigenschaft verstanden wird, haben sich auch in der Differentialdiagnostik der Begriff der Volition, und damit das Konzept der volitionalen Handlungsregulation durchgesetzt. Um die Entwicklung der Volition bei jugendlichen Sportlern zu untersuchen, führten Elbe et al. (2004) eine Studie mit insgesamt 327 Schülerinnen und Schülern an Eliteschulen des Sports durch und verglichen in einer zweiten Studie, einem Längsschnitt, 63 Eliteschüler mit 122 Nicht-Sportlern einer Regelschule. In beiden Studien wurde der VCQ II

(engl. „volitional component questionnaire") von Kuhl und Fuhrmann 1998 eingesetzt, der auf der Theorie der willentlichen Handlungssteuerung (Kuhl 2001) beruht.
Die Athleten der Eliteschulen des Sports zeigten höhere Werte der Selbstoptimie-
rung, sowie zunächst Zunahmen (bis zum Alter von 14/15), später jedoch Abnahmen
der Selbstblockierung (engl. „self-impediment"). Die Arbeitsgruppe um Beckmann
entwickelte in der Folge den Fragebogen zur Erfassung volitionaler Komponenten
im Sport (VKS, Wenhold et al. 2009a). Dieser besteht aus den vier Skalen Selbstop-
timierung (Beispielitem: Ich kann mich im Wettkampf meist ganz gut motivieren,
wenn mein Durchhaltevermögen nachlässt), Aktivierungsmangel (z. B.: Ich versu-
che Wettkämpfe zu umgehen, von denen ich von vornherein weiß, dass sie richtig
anstrengend oder schwierig sind), Fokusverlust (z. B.: Es passiert mir öfter, dass ich
mitten im Wettkampf lieber etwas anderes machen möchte) und Selbstblockierung
(z. B.: Beim Sport möchte ich es oft den anderen recht machen). In der Handrei-
chung des Fragebogens (Wenhold et al. 2009b) wird empfohlen, das Verfahren in
der Sportpraxis im Rahmen der sportpsychologischen Betreuung einzusetzen, um
Fertigkeiten und Defizite im Bereich der Selbststeuerung zu erfassen. Ein Nach-
weis der prognostischen Validität für die Talentdiagnostik steht noch aus (Wenhold
et al. 2009a). Für die Sportpraxis machen Mickler et al. (2013) einen Vorschlag
zum Training volitiver Regulationserfordernisse im Fußball, wie beispielsweise
Entschlossenheit, Mut zum Risiko, Zielstrebigkeit oder Durchsetzungsvermögen.

2.4   Emotionen im Sport

Emotionen sind im Sport allgegenwärtig: Athleten, Trainerinnen, Eltern, Schiedsrichter, Fans und Zuschauerinnen erleben Emotionen im und durch Sport. Wenn
man an Emotionen im Sport denkt, fallen jedem sicher besonders emotionale
Situationen oder besonders emotionale Personen ein.

▶ Definition Emotionen beschreiben ein komplexes Muster körperlicher und
mentaler Veränderungen in Reaktion auf eine auslösende Situation, die als
persönlich bedeutsam wahrgenommen wird. Diese Veränderungen beinhalten
physiologische Erregung, Gefühle, kognitive Prozesse, Ausdruck und Verhalten
(Furley und Laborde 2020).

Ein besonders emotionaler Moment während der Olympischen Spiele in Peking
2008, der sicher vielen in Erinnerung geblieben ist, war als Matthias Steiner
die Goldmedaille beim Gewichtheben gewonnen hat. Der 183 cm große, und

zu dem Zeitpunkt stärkste, Gewichtheber weinte und schluchzte. Seine Tränen drückten in diesem Moment Emotionen der Freude und Trauer zugleich aus, denn seinen Olympiasieg hatte er seiner kürzlich bei einem Unfall verstorbenen Frau gewidmet. Einerseits ist dies ein Beispiel dafür, dass Sport und körperliche Aktivität zu emotionalem Erleben führen. Andererseits beeinflusst emotionales Erleben auch, ob man überhaupt körperlich aktiv ist, Sport treibt oder sportliche (Höchst-)Leistungen anstrebt. Ein prominentes Beispiel für mangelnde Emotionsregulation und den negativen Einfluss von Emotionen auf sportliche Leistung stellt der geschichtsträchtige Kopfstoß von Zinedine Zidane dar: Im WM-Finale 2006 ließ er sich von Marco Materazzi provozieren, ließ seiner Aggression freien Lauf und stieß Materazzi mit dem Kopf in die Brust. Wie diese Beispiele einleitend verdeutlichen sollen, stehen Emotionen im wechselseitigen Zusammenhang mit Sport (und körperlicher Aktivität). Das Thema Aggression ist im Sport stark vertreten und wird auch in diesem Buch in mehreren Kapiteln wie beispielsweise Kap. 3 und 6 noch einmal auftauchen.

Fragen

Welche Funktionen haben Emotionen (im Sport)?
Welchen Einfluss hat (Wettkampf-)Angst auf sportliche Leistung?
Wie können Sportler ihre Emotionen vor wichtigen Wettkämpfen regulieren?
Motivieren positive Emotionen körperlich aktiv zu bleiben?

Welche Funktionen haben Emotionen (im Sport)?
Der Schwerpunkt sportpsychologischer Emotionsforschung konzentriert sich vor allem auf Angst und Stresserleben, die vor allem bei Wettkämpfen auftreten (siehe auch hier aktuelle Kapitel von Ehrlenspiel und Mesagno 2020). Schaut man in die psychologische Emotionsforschung, können hinsichtlich ihrer Ausrichtung zwei zentrale theoretische Ansätze unterschieden werden: diskrete (z. B. Ekman 2016; Lazarus 2000) und dimensionale Emotionsansätze (Crivelli und Fridlund 2018).

Diskrete Emotionsansätze gehen davon aus, dass es bestimmte Emotionen gibt, die klar von anderen unterschieden werden können. Die unterschiedlichen Emotionen sind durch eine ganz bestimmte Kombination von auslösenden Triggern, Gefühlen, Gedanken, Verhaltensweisen (Stimme, Gesichtsausdruck) und Physiologie des autonomen Nervensystems gekennzeichnet. Die klassischen, universellen Emotionen sind Furcht, Ekel, Freude, Überraschung, Verachtung, Ärger und Trauer (vgl. Ekman 1994). **Dimensionale Ansätze** gehen davon aus, dass man emotionale Zustände hinsichtlich ihrer Wertigkeit (Valenz) und ihrer Stärke (Aktivierung) unterscheiden kann. Die Valenz einer Emotion kann positiv oder negativ sein, die Aktivierung hoch oder niedrig. Beispielsweise stellen die Emotionen Angst und Aggression beide negative Emotionen dar, die sich aber in ihrer Aktivierung unterscheiden. Während Aggression eher als stark aktivierende Emotion bezeichnet werden kann, ist Traurigkeit eher eine Emotion mit geringer Erregung.

Weiterhin unterscheiden sich Emotionstheorien darin, ob sie körperlich-physiologische Erregung als vorgeschalteten Auslöser von Emotionen (**James-Lange-Theorie**), gleichzeitig mit emotionalem Erleben auftretendes und vom Thalamus vermitteltes Korrelat (**Cannon-Bard-Theorie**) oder als gemeinsam mit kognitiver Bewertung einhergehendem Auslöser von Emotionen (**Lazarus-Schachter-Theorie**) angesehen wird. Die verschiedenen psychologischen Emotionstheorien werden von Furley und Laborde (2020) vergleichend beschrieben.

Unabhängig davon ob Emotionen als diskret oder dimensional verstanden werden und wie ihre Entstehung theoretisch erklärt wird, erfüllen Emotionen grundlegend verschiedene Funktionen, die auch im Kontext Sport relevant sind: Übergeordnet dienen Emotionen dazu sich in (wiederkehrenden) Situationen des Lebens anpassen zu können, d. h. adaptiv verhalten zu können. Dazu ist das autonome Nervensystem zentral, denn es bereitet den Körper über das parasympathische und sympathische System entsprechend vor (Furley und Laborde 2020). Spezifischer fungieren Emotionen als Aufmerksamkeits- und Motivationslenkung, wirken auf kognitive Prozesse und haben wichtige soziale Funktionen. Wie diese Funktionen im Sport zum Tragen kommen, wird in Bezug zu sportlicher Leistung (vor allem Angst, Emotionsregulation beim Umgang mit Stress) und im Zusammenhang mit körperlicher Aktivität dargestellt.

2.4.1 Emotionen und sportliche Leistung

Wie genau Emotionen, die Athleten erleben, mit der sportlichen Leistung im Zusammenhang stehen, ist schwierig zu beantworten (Hanin 2000). Während manche Athletinnen eher entspannt und voller Vorfreude auf einen Wettkampf sein müssen, sollten andere Athletinnen eher etwas angespannt und nervös sein, um ihre beste Leistung abrufen zu können. Eine Theorie, die diese individuelle emotionale Funktionsweise beschreibt, ist die des individuellen Bereichs des Funktionierens (engl. „individual zone of functioning"; Hanin 2000). Demzufolge kann der Zusammenhang von Emotion und Leistung nur verstanden werden, wenn man die Person-Umwelt Interaktion berücksichtigt, d. h., wenn man sich anschaut, welche Person mit welchen Ressourcen in welcher Umgebung und bei welcher bestimmten Aufgabe Emotionen erlebt. Um den Zusammenhang aufzeigen zu können, ist demnach ein idiosynkratischer Ansatz notwendig, bei dem ganz individuell die Leistung mit dem emotionalen Erleben in Verbindung gebracht wird. Dieser Ansatz könnte aufzeigen, ob das emotionale Erleben lediglich mit der erbrachten Leistung einhergeht, oder diese sogar begünstigt.

2.4.2 Wettkampfangst

Welchen Einfluss hat (Wettkampf-)Angst auf sportliche Leistung?
Man kann regelmäßig bei Wettkämpfen beobachten, dass Top-Athleten trotz körperlicher Fitness in wichtigen Wettkämpfen nicht ihr volles Potenzial ausschöpfen. Ein Faktor, der dies zu erklären vermag ist die (Wettkampf-)Angst.

▶ **Definition** Angst ist ein aktueller psychischer Zustand, der durch verstärkte Besorgnis und Anspannung gekennzeichnet ist und mit einer körperlichen Aktivierung einhergeht (Hänsel et al. 2019).

Angst hat sowohl einen **kognitiven** Anteil, der mit einer Bewertung der Situation als bedrohlich beschrieben werden kann, und einen **somatischen** Anteil, der die physiologischen Veränderungen im Körper abdeckt. Wettkampfangst, als häufig berichtetes und untersuchtes Phänomen im (Leistungs-) Sport (Craft et al. 2003), kann als **Zustandsangst** (engl. „state anxiety") bezeichnet werden. Diese muss von der sogenannten **Eigenschaftsangst** (engl. „trait anxiety") abgegrenzt werden, die im Vergleich zur Zustandsangst als zeitliche stabile, situationsübergreifende Persönlichkeitseigenschaft konzeptualisiert ist. Man spricht hier auch von Ängstlichkeit. Um Wettkampfangst zu erfassen, stehen das deutschsprachige Wettkampfangst-Inventar-State (WAI-S) und -Trait (WAI-T) zur Verfügung (vgl. Brand et al. 2009).

Theoretisch wird davon ausgegangen, dass Angst zu einer Reduktion der Leistung führt, und bei vielen Sportlern einen negativen Effekt auf die Wahrnehmung und den psychischen Zustand vor Wettkämpfen hat. Doch Angst kann andererseits auch dazu führen, dass eine angemessene Erregungsstufe erreicht wird, die wiederum die Leistung fördert. In sportpsychologischer Forschung wird deshalb der Frage nachgegangen, welches Maß an psychophysiologischer Erregung optimal ist. Diesbezüglich geht man derzeit von einem umgekehrten U-förmigen Zusammenhang aus, womit das optimale Erregungs- und Leistungsniveau in der Mitte

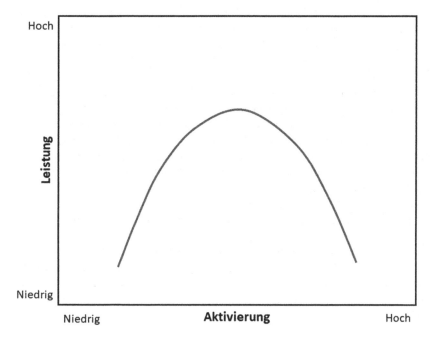

Abb. 2.2 Yerkes-Dodson-Law: umgekehrt U-förmiger Zusammenhang zwischen Leistung und psychophysiologischer Erregung

liegt (Hanin 2000), vgl. Abb. 2.2. Jedoch gibt es weitere Variablen, die einen Einfluss auf die optimale Erregung haben: die subjektiv wahrgenommene Schwierigkeit der Aufgabe, die Anwesenheit anderer und inwiefern die eigene Leistung bewertet werden kann (vgl. Kap. 3). Insgesamt ist die Studienlage nicht so eindeutig, wie man zu denken vermag: Sowohl eine Meta-Analyse aus dem Jahr 1991 (Kleine und Schwarzer 1991) als auch eine Meta-Analyse mit 29 Studien aus dem Jahr 2003 (Craft et al. 2003) zeigen schwache, negative Zusammenhänge zwischen Wettkampfangst und sportlicher Leistung.

2.4.3 Versagen unter Druck und Emotionsregulation

Die emotionale Erregung, die durch den Stress bei großen Wettkämpfen entsteht, kann zu einem Versagen unter Druck (engl. „choking under pressure") führen.

Das wird besonders dann gut beobachtbar, wenn leistungsstarke Sportler in einer Situation, in der ein hoher Anreiz besteht optimale Leistung abzurufen – wie beispielsweise beim Elfmeterschießen im Finale der Fußball Champions League – eine unerklärbar schlechte Leistung zeigen (sie schießen übers Tor), ohne dass offenkundige Gründe für den plötzlichen Leistungsabfall vorliegen.

Ziel der sportpsychologischen Forschung ist es diesbezüglich herauszufinden, wie Sportlerinnen es schaffen in solchen Drucksituationen ihre Emotionen zu kontrollieren und ihre beste Leistung abrufen zu können. Sportpsychologen, die in der Praxis arbeiten, möchten Athleten dabei unterstützen, unter Druck nicht zu „choken", sondern mit Druck konstruktiv umgehen zu können (engl. „coping"). Dazu muss man zunächst verstehen, welche Auswirkungen der (subjektiv wahrgenommene) Druck auf die Bewegungsausführung und Bewegungskontrolle haben kann und wie die Leistungseinbußen zu erklären sind. Dazu existieren zwei grundlegende theoretische Erklärungsmodelle: die **Ablenkungs-** (engl. „distraction") und **Selbst-Fokus** (engl. „self-focus") **Modelle**. Während letztere davon ausgehen, dass erhöhe Selbstaufmerksamkeit oder Aufmerksamkeit auf die zu verrichtende (motorische) Aufgabe zu Leistungseinbußen führt, gehen die Ablenkungs-Modelle davon aus, dass sich die Leistung verringert, weil man abgelenkt ist und z. B. die Aufmerksamkeit nicht auf die zu verrichtende Tätigkeit lenkt.

Wie können Sportler ihre Emotionen vor wichtigen Wettkämpfen regulieren?

Um nun in wichtigen Situationen nicht der eigenen Wettkampfangst zu erliegen, sondern sich auf die sportliche Aufgabe fokussieren und konzentrieren zu können, ist eine angemessene **Emotionsregulation** vonnöten. Dabei ist das Ziel, leistungsmindernde Zustände zu vermeiden und sich selbst in einen für die eigene Leistung förderlichen emotionalen Zustand zu bringen. Der emotionale Zustand lässt sich verändern, indem bestimmte Situationen ausgewählt werden, der Fokus der Aufmerksamkeit verändert wird, die Situationen modifiziert werden, die Kognitionen angepasst werden, oder das Verhalten moduliert wird (Furley und Laborde 2020).

▶ **Definition** **Emotionsregulation** beschreibt, wie Personen Einfluss darauf nehmen, welche Emotionen erlebt werden, zu welchem Zeitpunkt sie auftreten und wie sie erlebt und ausgedrückt werden (Gross 1998 zit. n. Furley und Laborde 2020).

Emotionsregulationsstrategien dienen einerseits der Unterdrückung von negativen Impulsen, die innerhalb einer Wettkampfsituation zu Leistungseinbußen der

Sportler führen könnten, und versuchen andererseits das bestmögliche Leistungs-ziel eines Sportlers positiv zu beeinflussen. Hierbei werden drei Kategorien von Regulationstechniken unterschieden: Kognitive Bewertung, Subjektives Erleben und Aktivierung. Ein Beispiel für kognitive Emotionsregulation ist der Versuch eines Sportlers mithilfe eines „Gedankenstopps" negative, emotionale Gedanken zu unterdrücken. Ein Beispiel für eine Regulationstechnik, die auf die Änderung des subjektiven Erlebens abzielt, ist die Visualisierung. Hier können Sportler sich z. B. einen Erfolgsmoment, einen Wohlfühlort oder ein Aktivierungsbild vorstel-len, die man zuvor mit einem Sportpsychologen erarbeitet hat, um sich in einen angezielten emotionalen Zustand zu bringen. Emotionsregulation über Aktivie-rung umfasst als letzte Form grundlegende Techniken, die physiologisch und kognitiv wirken, wie z. B. Atemregulation oder Progressive Muskelrelaxation. Diese beeinflussen den Aktivierungsgrad direkt und können darüber positiv auf Emotionsregulation wirken. Ein aktuelles systematisches Review mit 36 Studien, die 49 Interventionen umfassten, hat die Effektivität von verschiedenen Strate-gien zum Umgang mit Druck verglichen. Es zeigt sich, dass Wettkampfroutinen (engl. „pre-performance routines"), wie sie beispielsweise im Zuge des Menta-len Trainings eingeübt werden können, quiet eye (vgl. Abschn. 2.1), Training unter Wettkampfbedingungen, Kontraktionen mit der linken Hand, sowie Trai-ning unter leichten Angstbedingung oder erhöhtem Selbstfokus viel genutzte, wirksame Trainingstechniken darstellen (Gröpel und Mesagno 2019). Es wurde gezeigt, dass mithilfe dieser Trainingstechniken sowohl Ablenkung als auch Selbst-Fokus hilfreich für die Aufrechterhaltung der Leistung sein können und deshalb eine Integration der beiden Erklärungsmodelle wünschenswert ist (Gröpel und Mesagno 2019).

2.4.4 Emotionen und körperliche Aktivität

Emotionen spielen auch eine wichtige Rolle, wenn es darum geht, körperlich aktiv zu werden, zu sein oder zu bleiben. Dabei haben positiv bewertete Emotio-nen vor allem eine motivierende Funktion und können sowohl Ursache als auch Folge von körperlicher Aktivität sein. Obwohl die meisten Menschen bestätigen würden, dass sie Sport treiben oder körperlich aktiv sind, weil es ihnen Spaß macht, wurden affektiv-emotionale Prozesse in den meisten sozial-kognitiven Gesundheitsverhaltensmodellen lange Zeit nicht berücksichtigt (Jekauc und Brand 2017).

Motivieren positive Emotionen körperlich aktiv zu bleiben?
Dass Emotionen auch ursächlich für körperliche Aktivität sein können, wird erst in neueren Studien, die klassische Gesundheitsmodelle um emotionale Variablen erweitern, gezeigt. In einer groß angelegten Längsschnittstudie mit Menschen von 19 bis 87 Jahren konnte mithilfe von Fragebögen gezeigt werden, dass emotionale Handlungsergebniserwartungen (z. B. dass es jemandem Spaß macht Laufen zu gehen) und vor allem deren Erfüllung (also, das Erleben, dass Laufen wirklich Spaß macht) dazu beitragen, dass Menschen körperlich aktiv werden und bleiben (Klusmann et al. 2016; vgl. auch Abschn. 2.3.2). Wichtig ist, dass emotionale Variablen unabhängig von der erlebten Selbstwirksamkeit sind, der traditionell eine große Rolle in verschiedenen Phasen gängiger Gesundheitsverhaltensmodelle eingeräumt wird. Demnach begünstigt positives emotionales Erleben die Aufrechterhaltung von körperlicher Aktivität (Jekauc und Brand 2017).

Unter welchen Bedingungen körperliche Aktivität auch zu positiven Emotionen führt, ist für viele Menschen relevant und ebenfalls in den letzten Jahren in den Fokus sportpsychologischer Forschung gerückt (Jekauc und Brand 2017). In einer qualitativen Studie, in der halbstandardisierte Interviews durchgeführt wurden, haben Wienke und Jekauc (2016) aufgezeigt, dass vor allem wahrgenommene Kompetenz, neue Erfahrungen beim Ausführen der Aktivität, wahrgenommene körperliche Erschöpfung und soziale Interaktion dazu geführt haben, dass körperliche Aktivität Spaß gemacht und zu positivem emotionalem Erleben geführt hat. Während dies explizite Bewertungen von „körperlich aktiv sein" sind, werden in neueren Forschungsarbeiten auch implizite, automatische Evaluationen von körperlicher Aktivität mithilfe von Reaktionszeitmessung erfasst (Brand und Antoniewicz 2016; Ekkekakis und Brand 2019). Es konnte gezeigt werden, dass vor allem positive, automatische Assoziationen mit körperlicher Aktivität, die vor einem Aktivitätsprogramm von 3 Monaten erfasst wurden, vorhersagen konnten, ob man körperlich aktiv bleibt.

Sozialpsychologie und Sportpsychologie

3

In diesem Kapitel werden aktuelle Themen und Fragestellungen an der Schnittstelle von Sozialpsychologie und Sportpsychologie vorgestellt. Dabei werden die Bereiche soziale Aspekte der Wahrnehmung, soziale Aspekte der Emotion und Gruppenprozesse abgedeckt. Dargestellt werden Forschungsergebnisse, die sowohl in Hinblick auf theoretische und methodische Bedeutung eingeordnet als auch in Bezug zur Sportpraxis gebracht und diskutiert werden.

Sozialpsychologie beschäftigt sich mit der Frage inwiefern die Gegenwart eines (imaginären) Anderen oder vieler (imaginärer) Anderer unser Denken, Fühlen und Handeln beeinflusst. Im Gesundheits- oder Leistungssport bilden dabei nicht nur andere (konkurrierende) Athleten die soziale Umwelt des Sportlers, auch Trainer, Eltern Sportlehrer, Fans oder Zuschauer können potenzielle soziale Einflussnehmer sein. Die Beeinflussung kann direkt erfolgen, z. B. durch motivierendes Anfeuern oder Anerkennung guter Leistung. Sie kann jedoch auch indirekt entstehen, denn häufig treiben vor allem unser subjektiver Eindruck von Personen und Situationen, sowie die Interpretation der sozialen Umwelt, zu verändertem Verhalten an. So kann die Anwesenheit von Zuschauern im Leichtathletikstadion, die der Weitspringer von seiner Leistung überzeugen möchte, bereits ausreichen, um seine Leistung zu steigern, unabhängig davon, ob die Zuschauer den Sportler gerade tatsächlich beobachten oder nicht.

Fragen

Wie konstruieren Menschen ihre soziale Welt?

© Springer-Verlag GmbH Deutschland, ein Teil von Springer Nature 2021
B. Lobinger et al., *Sportpsychologie*, Was ist eigentlich …?,
https://doi.org/10.1007/978-3-662-63043-3_3

Warum vergleichen wir uns mit anderen und welche Bedeutung haben
Leistungsvergleiche im Sport?
Wie erklären Menschen ihre eigene Leistung und die ihrer Mitmenschen?
Welche Fehler lauern bei der Beurteilung anderer Personen?
Sind Emotionen im Sport ansteckend?
Welche Gruppeneffekte sind im Sport von Relevanz?

3.1   Soziale Aspekte der Wahrnehmung

Wie konstruieren Menschen ihre soziale Welt?
Soziale Wahrnehmung ist dem Bereich der Sozialen Kognition zuzuordnen. Die
Soziale Kognition umfasst Prozesse, die an der Wahrnehmung von, Erinnerung
an und Zuwendung zu anderen Menschen beteiligt sind. Außerdem erforscht sie
Gründe warum man sich selektiven Informationen der sozialen Welt zuwendet, wie
diese Informationen im Gedächtnis gespeichert werden und wie sie in der Interaktion
mit anderen Menschen verwendet werden. Forschung im Bereich der sozialen Wahrnehmung untersucht wie Personen Informationen über die soziale Welt aufnehmen
und welche soziale Welt sie aus den ihr zur Verfügung stehenden Informationen
konstruieren (Moskowitz 2005). Dieser **Konstruktionsprozess** ist höchst individuell, da Personen meist unterschiedliche Arten und Mengen an Informationen
zur Verfügung stehen und sie bereits vorgeformte, kognitive Strukturen und Perspektiven haben. Wenn Menschen beispielsweise gebeten werden, andere Personen
zu beschreiben oder zu beurteilen, so treffen sie unterschiedliche Annahmen darüber, welche Persönlichkeitsmerkmale zusammenpassen oder zum Aussehen einer
Person passen (z. B. lautes Lachen und Extraversion) oder welche Wahrscheinlich-
keiten für das Auftreten und die Erklärung bestimmter Verhaltensweisen bei anderen
Menschen gelten. Zugleich unterscheidet sich die soziale Wahrnehmung nicht nur
zwischen Personen, sondern auch innerhalb einer Person. Sie hängt ab von unseren Gesprächspartnern, der Situation, in der wir uns gerade befinden, von unserer
Tagesform und Motivation, oder auch von unseren individuellen Zielen. Das folgende Unterkapitel widmet sich der Darstellung unterschiedlicher Phänomene und
Theorien der sozialen Wahrnehmung und zeigt auf, welche Relevanz sie im und
beim Sport haben können.

3.1.1 Informationaler und normativer sozialer Einfluss

▶ **Definition** **Informationaler sozialer Einfluss** ist dadurch gekennzeichnet, dass sich einzelne Personen in neuen, mehrdeutigen oder kritischen Situationen unsicher fühlen und deswegen das Verhalten der anderen Menschen als Informationsquelle nutzen. Dem Wissen der anderen Menschen wird mehr Bedeutung zugesprochen als dem eigenen Wissen. Dieser Einfluss ist so stark, dass er oft zu einer privaten Akzeptanz führt (Deutsch und Gerard 1955).

▶ **Definition** Durch den **normativen sozialen Einfluss** passen sich Menschen dem Verhalten der Gruppe an, weil sie befürchten, dass nonkonformistische Handlungen von der Gruppe negativ bewertet und bestraft werden (z. B. durch Abschätzigkeit, Rauswurf, etc.). Die Handlungen der Personen sind somit nicht mit den eigenen Normen und Werten konform. Man spricht dann von einer **öffentlichen Compliance** (Deutsch und Gerard 1955).

Die Relevanz der Tatsache, dass andere Personen als Informationsquelle genutzt werden oder, dass das Verhalten entgegen eigener Normen an andere angepasst wird, wird zum Beispiel deutlich, wenn man den sogenannten „**Heimvorteil**" im Sport betrachtet. Im Sport sind mögliche Einflussnehmer nämlich nicht nur die Mitspielerinnen und gegnerischen Spielerinnen, sondern auch die Zuschauer. Der meist größere Anteil der Heim-Fans bildet eine nicht zu ignorierende, sozialeinflussnehmende Größe, die den Erfolg der Mannschaft im eigenen Stadion beeinflussen kann, weil sie zur Verschiebung von Schiedsrichterurteilen beitragen kann. So attestieren Studien, dass die Lautstärke des Publikums im starken Zusammenhang mit der Verteilung von gelben Karten und dadurch auch mit dem Endergebnis von Fußballspielen steht (Unkelbach und Memmert 2010), und dass Schiedsrichter in einem leeren Stadion die Heimmannschaft härter bestrafen, als in einem vollen Stadion (Pettersson-Lidbom und Priks 2010). Die lautstarken Ausrufe der Fans sind demnach einerseits Informationsquelle für potenziell verunsicherte Schiedsrichter (informationaler Einfluss), sowie andererseits Trigger für eine normative Anpassungsreaktion, die wiederum auf erhöhte Angst vor Blamage oder Ungnade zurückzuführen ist (Nevill et al. 2002). Nicht belegt ist hingegen der Zusammenhang zwischen der Anzahl Heim-Fans und dem sportlichen Erfolg der Mannschaft, da in Bezug auf Erfolg auch Faktoren wie die Vertrautheit mit dem Stadion relevant sein können (z. B. Pollard 2002; Strauß und Bierschwale 2008). Für zukünftige Forschung wird zum Beispiel auch die Frage relevant sein, inwiefern besondere Umstände wie etwa der durch die Corona-Pandemie verursachten Geisterspiele ohne Zuschauer (bzw. reduzierten

Zuschauerzahl) den vermeintlichen Heimvorteil beeinflussen. Hier gilt es mithilfe spielbezogener Daten (z. B. Anzahl der Fouls oder Spielunterbrechungen, Dauer der Nachspielzeit oder durchschnittlich gelaufene Kilometer pro Mannschaft) zu analysieren, wie sich die Leistungen der Mannschaften in eigenen und fremden Stadien verändert haben.

3.1.2 Soziale Vergleiche

Warum vergleichen wir uns mit anderen und welche Bedeutung hat der Leistungsvergleich im Sport?
Der Vergleich mit anderen ist ein natürlicher Bestandteil des Leistungssports. Neben selbstbezogenen Normen wie bspw. persönlichen Bestzeiten, bieten soziale Vergleiche mit besseren, schlechteren oder ähnlich leistungsstarken Athleten (**Aufwärts-, Abwärts-, Lateralvergleich**) die Möglichkeit ein Feedback über die eigene Person und Leistung einzuholen. Soziale Vergleiche entstehen vor allem durch das Wettbewerbssystem, durch unterschiedliche Ligen und Leistungsniveaus, Ranglisten innerhalb desselben Levels oder sogar durch Leistungsunterschiede innerhalb der eigenen Mannschaft. Die Forschung zeigt, dass die Richtung des Vergleichs und die wahrgenommene Diskrepanz zwischen Eigen- und Fremdleistung unterschiedliche motivationale und emotionale Konsequenzen haben können. So führen Aufwärtsvergleiche meist zu Schamgefühlen, aber auch zu einer Steigerung der Anstrengung, um die Diskrepanz zu minimieren und etwas Lohnenswertes zu erreichen (engl. „pushing motive"; Fulford et al. 2010). Der Referenzstandard darf jedoch nicht zu hoch gewählt werden. Wählt beispielsweise ein Hobbyjogger einen außerordentlich hohen Vergleichsstandard wie Marathon-Weltrekordhalter Eliud Kipchoge, so würde dies wahrscheinlich zu einer Verringerung der Anstrengung führen, weil die Diskrepanz zwischen der Fremd- und Eigenleistung langfristig zu groß sein würde, um sie alsbald zu minimieren. Abwärtsvergleiche zu schlechteren Athleten führen zu Stolz und erhöhtem Selbstwertgefühl allerdings eher zu einer verminderten Anstrengung, da die eigene Leistung bereits als ausreichend empfunden wird. Der optimale Punkt der Motivation wird demnach durch einen sogenannten „maximalwirksamen Standard" ausgelöst, ein Bezugspunkt nach oben, der weder unerreichbar noch bereits erreicht ist. Ähnliche Erkenntnisse stammen aus Neuinterpretationen des Yerkes-Dodson-Gesetzes, das ebenfalls einen optimalen Punkt der Leistungsmotivation, insbesondere im Kontext des Lernens, vorgibt (vgl. Abschn. 2.3).

Dieser Zusammenhang wurde im Basketball im Rahmen einer umfangreichen Analyse von 18.060 NBA Spielen und 45.579 NCAA Spielen, im Zeitraum von

1993 bis 2009 bestätigt (Berger und Pope 2011). Der Frage nachgehend, ob die Punktedifferenz nach der ersten Halbzeit einen Einfluss auf das Endergebnis hat, zeigten Ergebnisse der Analyse, dass wenn Mannschaften in der Halbzeitpause im Rückstand waren und sich somit nach oben mit der gegnerischen Mannschaft vergleichen mussten, tatsächlich motivierter waren zu wetteifern und somit eine höhere Wahrscheinlichkeit hatten, das Spiel zu gewinnen. Ebenso scheint die wahrgenommene sportliche Kompetenz von Tennisspielern nicht nur vom temporären Spielergebnis abzuhängen, sondern sogar abzunehmen, wenn sie von unterlegenen Gegnern besiegt wurden (Abwärtsvergleich). Bezüglich der resultierenden Emotionen berichten Studien unterschiedliche Ergebnisse. Während eine hohe, positive Diskrepanz zwischen Ziel und Leistung mit hoher Wahrscheinlichkeit positive Emotionen vorhersagt, löst eine negative Diskrepanz zwischen Ziel und Leistung nach einem Wettkampf nicht zwangsläufig negative Emotionen wie Trauer oder Scham aus. Wichtiger scheint jedoch die Erkenntnis, dass die bloßen Erwartungen an eigene zukünftige Leistungen beeinflussen, ob positive und negative Emotionen resultieren (McGraw et al. 2005). Ist die Erwartung an die eigene Leistung niedriger als das tatsächliche Wettkampfergebnis, resultieren meistens Glücksgefühle. Athleten, die eine Bronzemedaille gewannen, ohne damit gerechnet zu haben, waren glücklicher als Silbermedaillengewinner, die von Goldmedaillen träumten (siehe auch Allen et al. 2020).

Soziale Vergleiche sind jedoch auch relevant für Dritte wie Schieds- oder Kampfrichter. In einer Studie über die Beurteilung von Kunstturnern wurden erfahrenen Kampfrichtern zwei Athletinnen vorgestellt, die Pferdesprungübungen präsentierten (Damisch et al. 2006). In einer Bedingung wurden die Kampfrichter instruiert die Athletinnen seien Kolleginnen desselben Nationalteams. In einer zweiten Bedingung wurde der Fokus auf die Unähnlichkeit der beiden gelegt, denn die Kampfrichter wurden instruiert die Athletinnen seien aus unterschiedlichen Nationalteams. Die Sprungübung beider Turnerinnen wurde sequentiell bewertet, wobei bei der Hälfte der Teilnehmer zuerst eine schlechtere Ausführung und die andere Hälfte zuerst eine bessere Ausführung sah. Die Ausführung der zweiten Turnerin war für alle gleich. Gingen Kampfrichter davon aus, dass die Athletinnen demselben Nationalteam angehörten, so wurden die Benotungen aneinander angeglichen. Gingen sie jedoch davon aus, dass die Athletinnen Konkurrentinnen waren, so trat der gegenteilige Effekt auf und die Wahrnehmung der Diskrepanz zwischen den beiden Turnerinnen vergrößerte sich.

3.1.3   Attribution und Attributionsfehler

Wie erklären Menschen ihre eigene Leistung und die ihrer Mitmenschen?
Menschen versuchen stetig, das Verhalten von anderen Personen zu erklären. Um
die Frage nach dem „Warum" zu beantworten, ziehen Personen komplexe Schluss-
folgerungen über die Motive (vgl. Abschn. 2.3 und 4.5) und Ursachen des Verhaltens
anderer Personen aus den eigenen Beobachtungen. Dieser Prozess wird als Attribution verstanden und beeinflusst nachfolgende Gedanken, Gefühle und Verhalten
des Beobachters.

Grundsätzlich gibt es zwei Dimensionen, die bei der Suche nach der Ursache
des Verhaltens oder Verhaltensergebnisses in Betracht gezogen werden können.
Trifft eine Fußballspielerin das Tor, so kann man die Ursache für ihren Treffer auf
internale, also personenbezogene, Ursachen wie etwa herausragende fußballerische
Fähigkeit, oder **externale,** also situationsbezogene, Ursachen wie einen glücklichen
Winkel oder die gute Vorbereitung der passgebenden Mitspielerin attribuieren. Die
Festlegung auf die eine oder andere Ursache kann die Einschätzung der Person nach-
haltig verändern. Nach Weiner (1985) spielen jedoch nicht nur die **Lokalisation**
(internal vs. external) für die Erklärung von Erfolg oder Misserfolg eine Rolle, sondern auch die Dimensionen **Stabilität** (stabil vs. variabel) und **Kontrollierbarkeit**
(kontrollierbar vs. unkontrollierbar), siehe Tab. 3.1.

Tendenziell attribuieren Personen Misserfolge bei sich selbst auf externale
Dimensionen, Erfolge jedoch auf internale Dimensionen. Bewerten Personen das
Verhalten anderer, verhält es sich genau umgekehrt (Lau und Plessner 2005). Die

Tab. 3.1 Attributionsdimensionen nach Weiner (1985) am Beispiel eines erfolgreichen
Torschusses beim Fußball. (In Anlehnung an Jonas et al. 2007, S. 87)

	Internal		External	
	Stabil	Variabel	Stabil	Variabel
Kontrollierbar	Fähigkeit	Anstrengung	Soziale Ressourcen	Kommunikation
	Motorische Kontrolle, Treffsicherheit	*Konzentration im entscheidenden Moment*	*Auswahl der besten Mannschaft*	*Kommunikation mit Mitspieler*
Nicht kontrollierbar	Anlage	Gesundheit	Aufgabenschwierigkeit	Glück
	Talent im Umgang mit dem Ball	*Schussbein unverletzt*	*Größe des Tors*	*Torwart war nicht aufmerksam*

Fehlzuweisung der Ursache auf die Person und dabei gleichzeitige Vernachlässigung der Situation bezeichnet man als Fundamentalen Attributionsfehler. Dieser hat besondere Relevanz für Trainer, Schiedsrichter und Fans. Die gegenteilige Fehlzuweisung der Ursache auf die Situation bei gleichzeitiger Vernachlässigung des Selbst, wird hingegen häufig als selbstwertdienliche Attribution (engl. „self-serving bias") bezeichnet und dient, wie der Namen schon sagt, der Erhöhung des Selbstwertgefühls, wenn dieses in Gefahr gebracht wird. Der Wettkampfsport ist ein ideales Umfeld, um selbstwertdienliche Attributionen zu erforschen, da Wettkämpfe klare Erfolgs- und Misserfolgsergebnisse liefern, viele mögliche Ursachen für Erfolg und Misserfolg zulassen und besonders für den Athleten motivationale Konsequenzen haben können. In der Sportpraxis im Leistungssport ist die Ursachenzuschreibung daher auch ein wichtiger Bestandteil sportpsychologischer Arbeit und in den Prozess des „Debriefing" eingeordnet (Hogg und Kellmann 2002).

Besonders im Sport sind zwei verwandte Effekte zusätzlich relevant. So lassen sich auch bei der Zuweisung von Erfolg und Misserfolg in Teams Attributionsverzerrungen beobachten (engl. „team-serving bias"; Martin und Carron 2012). Bei Erfolg neigen Teammitglieder dazu Erfolge ihres Teams auf Faktoren innerhalb des Teams zu attribuieren, z. B. Teamfähigkeit und kollektive Anstrengung. Niederlagen ihres Teams werden auf Faktoren außerhalb des Teams zurückgeführt, z. B. schlechte Schiedsrichterleistung und Pech. Eng verwandt mit dem **„self-"** und **„team-serving bias"** ist außerdem der „intragroup attribution bias". Mitglieder einer Gruppe fühlen sich häufig besonders verantwortlich für das Ergebnis der eigenen sozialen Gruppe, auch wenn die Gruppenmitglieder keine außerordentliche Verantwortung übergeben haben. Teammitglieder sehen sich so selbst als verantwortlicher für das Ergebnis, wenn es positiv ist, und weniger verantwortlich, wenn es negativ ist (Ross und Sicoly 1979). Die selektive Über- oder Unterbewertung der eigenen Verantwortung dient somit wie der „self-serving bias" dem Schutz oder der Stärkung des Selbstwertgefühls. Mehrere Metaanalysen der letzten Jahrzehnte (Mezulis et al. 2004; Allen et al. 2020) bestätigen, dass Athleten persönlichen Erfolg auf internale, stabile und kontrollierbare Dimensionen attribuieren. Interessant scheint vor allem, dass das Leistungsniveau, das Geschlecht, sowie die Herkunft von Sportlern die Tendenz zu selbstwertdienlicher Attribution beeinflusst. So attribuieren vor allem Sportler niedriger Leistungsniveaus, männlichen Geschlechts und tendenziell Sportler aus Nordamerika (im Gegensatz zu Europa) in selbstwertdienlichem Stil (Allen et al. 2020).

3.1.4 Verzerrungen in der Personenwahrnehmung

Welche Fehler lauern in der Beurteilung anderer Personen?
Abseits der Attributionsfehler gibt es noch eine Reihe weiterer Verzerrungen und
Fehler in der Personenwahrnehmung, auf die in den folgenden Kapiteln selektiv eingegangen werden soll, weil sie für die Einschätzung und Bewertung von Athletinnen
v. a. durch Kampf-/Schiedsrichterinnen und Trainerinnen relevant sind.

Sich selbst erfüllende Prophezeiung (self-fulfilling prophecy) Als sich selbst
erfüllende Prophezeiung bezeichnet man den Vorgang, bei dem Menschen Interaktionen mit anderen oft so gestalten, dass ihre Erwartungen an die anderen Personen
bestätigt werden. Diese Bestätigung kann sich auf konkrete Handlungen oder das
generelle Verhalten einer anderen Person beziehen.

   In der Athlet-Trainer Interaktion kann dies nicht nur zu einer Verhaltensregula-
tion des Trainers, sondern auch zur Verhaltensänderung beim Athleten führen. So
wurde gezeigt, dass Trainer jenen Athleten, von denen sie hohe Leistungsfähigkeit
erwarteten, positiveres und qualitativ besseres Feedback gaben (Horn et al. 2010;
Wilson und Stephens 2007), sowie ihnen eine höhere Belastung im Training zumu-
teten als Athleten, von denen sie erwarteten, dass sie geringere Fähigkeiten haben.
Insofern tatsächlich objektive Leistungsunterschiede zwischen Athleten vorhanden
sind, kann dies jedoch auch eine sinnvolle Individualisierung darstellen. Darüber
hinaus zeigte ein Experiment, bei dem die Erwartungen über die Leistungsfähigkeit
der Spieler durch Instruktionen manipuliert wurden, dass Trainer Spieler mit angeb-
lich höheren Spielwerten nicht nur bevorzugten und ihnen mehr Möglichkeiten
zum Werfen einräumten, sondern dass diese Spieler im Gegenzug auch tatsächlich
zielgenauer warfen (Weaver et al. 2016).

Halo-Effekt Begehen Personen den Halo-Effekt, so verschiebt sich ihre Beurteilung über eine andere Person aufgrund eines einzelnen, sehr markanten Merkmals
(z. B. physische Attraktivität, Behinderung). Andere Merkmale der Person treten in
den Hintergrund oder werden ohne objektive Grundlage mit dem markanten Merkmal verknüpft. So wird einer laut lachenden Person zum Beispiel hohe Extraversion
oder einer gutaussehenden Person ein besonderes Maß an Intelligenz zugeschrieben.

   So wurde Personen, von denen behauptet wurde, sie befürworteten den Gebrauch
von anabolen Steroiden im Sport, zusätzlich eine hohe Ego-Orientierung, geringere
Sportlichkeit und eine stärkere Neigung zu reaktiver Aggression zugewiesen (negativer Halo-Effekt; Chantal et al. 2013). Andere Ergebnisse zeigen, dass Athleten,
die einen Sportpsychologen konsultierten, von der Öffentlichkeit als weniger leis-
tungsfähig eingestuft wurden als jene, die ihre Probleme vorgeblich mit einem Coach

lösten (Linder et al. 1991). Verzerrungen durch den Halo-Effekt haben besondere Bedeutung z. B. für Wertungsrichter ästhetischer Sportarten, bei denen aufgrund unzureichend objektiver Bewertungsskalen der subjektive Eindruck die Leistungsbewertung verzerren könnte. Scouts könnten bei der Suche nach potenziellen Talenten durch markante Merkmale wie Muskularität oder jüngste Erfolgsepisoden beeinflusst werden. Ebenso könnte das positive Image einer Sponsorenmarke auf die wahrgenommene Leistungsfähigkeit der Athletin „ausstrahlen". Die Zahl der experimentellen Studien zu diesem Effekt in der Sportpsychologie ist jedoch sehr gering und es bedarf weiterer Forschung, um diese hypothetischen Einflüsse auch experimentell zu überprüfen.

Kontrasteffekt und Assimilationseffekt Beim Kontrasteffekt wird die Bewertung einer Person (oder auch eines Objekts) aufgrund der Bewertung einer ihr vorausgehenden Person verändert. So erhält eine mäßig bewertete Person eine bessere Bewertung, wenn ihr eine Person vorausgeht, die negativ bewertet wurde (positiver Kontrasteffekt). Wurde die Person zuvor hingegen positiv bewertet, so erhält die mäßig bewertete Person eine schlechtere Bewertung. Beim Assimilationseffekt wird die Bewertung einer Person (oder eines Objekts) an die Umgebung bzw. Umwelt angeglichen. So steigen zum Beispiel die Attraktivitätswerte einer Person, wenn sie von anderen schönen Personen umgeben ist, die Attraktivität eines Produktes, wenn sie gemeinsam mit einem anderen angesehenen Produkt präsentiert wird (z. B. Beats-Kopfhörer und Apple Produkte), oder die Attraktivität eines Produkts, wenn es mit attraktiven Personen gezeigt wird (z. B. Braun-Rasierer und Spieler des FC Bayern München).

Besonders bei Schiedsrichterentscheidungen jeglicher Art ist dieser Effekt relevant. So kann der Traum vom Olympischen Gold im Turnen davon abhängen, ob Kampfrichter zuvor den größten Konkurrenten oder mittelmäßige Mitstreiter des Athleten bewertet haben (Damisch et al. 2006). Ebenso kann die Verhängung einer Strafe davon abhängen, ob Schiedsrichter zuvor ein mildes oder hartes Urteil gefällt haben. In einer Experimentalstudie wurden Probanden gebeten anhand von Videosequenzen Entscheidungen über verschiedene Strafstoß- und Freistoßsituationen zu treffen (Plessner und Betsch 2001). Ergebnisse zeigten, dass Strafentscheidungen innerhalb desselben Teams eher mit einem Kontrasteffekt zu beschreiben sind: die Wahrscheinlichkeit einen Strafstoß zu verhängen sank, wenn zuvor bereits eine Strafe verhängt worden war. Entscheidungen über zunächst die eine und dann die gegnerische Mannschaft sprachen hingegen für einen Assimilationseffekt: Die Vergabe eines Elfmeters an die eine Mannschaft erhöhte die Wahrscheinlichkeit auch der gegnerischen Mannschaft einen Elfmeter zuzusprechen.

Abseits der selektiven Beispiele, die hier erläutert wurden, lässt sich in der Praxis beobachten, dass auch diverse Heuristiken (z. B. Ankerheuristik) und systematische Antwortverzerrungen (z. B. Tendenz zur Mitte, Milde oder Härte) zur verzerrten Wahrnehmung der Athleten und ihrer Leistung führen können. Relevante Effekte können solche Verzerrungen unter anderem beim Talentscouting erzeugen. Arbeiten Scouts mit vordefinierten Skalen zur Identifikation und Auswahl talentierter Nachwuchsathleten, so könnte eine unbewusste, extreme Tendenz zur Skalenmitte oder ein Härtefehler (z. B. häufiges Ankreuzen einer 2 auf einer 5er-Skala) im Evaluationsbogen zu einer durchschnittlicheren Bewertung einer ursprünglich positiven Leistung führen (vgl. dazu auch Musculus und Lobinger 2018). Es bedarf insgesamt jedoch weiterer wissenschaftlicher Studien, um sämtliche Effekte der Personenwahrnehmung und deren Relevanz für den Sport empirisch nachzuweisen.

3.2   Soziale Aspekte der Emotion

Sind Emotionen im Sport ansteckend?
Positive und negative Emotionen entstehen vor allem durch die Interaktion mit anderen Menschen, besonders wenn Erfolge und Misserfolge miteinander geteilt werden. Sport schafft Situationen, in denen Emotionen deutlich zutage gefördert werden, da er sich zu großen Teilen über Sieg, Niederlage und Wettkampf konstituiert. Jene Emotionen sind „ansteckend" und selbst nicht-Fußballfans dürften durch vergangene Fußballweltmeisterschaften wissen, was emotionale Ansteckung bedeutet. Jubelt man in der Menge beim Public Viewing über das Tor der eigenen Mannschaft, so hat dies nicht nur mit der individuellen Freude über das Tor zu tun, sondern auch damit, dass alle anderen sich freuen. Und auch bei negativen Emotionen tritt dieses Phänomen auf. Ist man mit einer Schiedsrichterentscheidung nicht einverstanden, so ist man nicht nur persönlich frustriert, sondern lässt sich auch vom Frust der Mitzuschauenden anstecken. Negative Ansteckung innerhalb einer Gruppe birgt zusätzlich das Potenzial zu destruktivem und risikoreicherem Verhalten, wie man es zum Beispiel von Massenausschreitungen unter Hooligans kennt. Vor diesem Hintergrund widmet sich das Kapitel der sozialen Aspekte der Emotion deshalb vornehmlich Emotionaler Ansteckung und Aggression.

3.2.1 Emotionale Ansteckung

▶ **Definition** **Emotionale Ansteckung** (engl. „emotional contagion") bezeichnet die bewusste oder unbewusste Imitation von und Synchronisation mit Ausdrücken, Stimmgebung, Körperhaltung oder Bewegungen einer anderen Person, die folglich zu einer emotionalen Übereinstimmung führen (Hatfield et al. 1993).

Studien über Emotionale Ansteckung (auch: Gruppenemotion, kollektive Stimmung) im Sport brachten bisher eine Vielzahl an Ergebnissen, die im Zuge dieses Buches nur fragmentiert gelistet werden können. So existieren Belege dafür, dass Emotionen unterschiedlicher **Akteure** zusammenhängen, also bspw. Emotionen der Fans je nach temporärem Ergebnis ihrer Mannschaft variieren (Sullivan 2018) oder gemeinsame Panik unter den Spielern sich in den letzten Minuten eines Spiels gegenseitig verstärken (Bar-Eli und Tractinsky 2000). Es existieren darüber hinaus aber auch Studien, die den Effekt emotionaler Ansteckung auf **Gruppen-merkmale** belegen. So zeigten Lowther and Lane (2002), dass Schwankungen in der Wahrnehmung über die Kohäsion einer Fußballmannschaft auf Veränderungen der positiven Stimmung während der Saison zurückzuführen waren. Fransen et al. (2015) zeigten, dass hohes (vs. niedriges oder neutrales) zum Ausdruck gebrachtes Vertrauen eines Mannschaftskapitäns, die Wahrnehmung über Effektivität sowie das Vertrauen in die Fähigkeiten der anderen Teammitglieder steigerte. Darüber hinaus führen positive Emotionen zu erhöhter Kooperation und vermindern Konflikte unter Teammitgliedern (Barsade 2002).

Zu guter Letzt wirkt sich Emotionale Ansteckung auch auf die reale **Leistung** von Sportlern aus. Moll und Kollegen (2010) analysierten die Jubelreaktionen von Fußballerspielern nach erfolgreichem Elfmeterschießen bei Welt- und Europameisterschaften. Die insgesamt 151 Reaktionen wurden auf Verhaltensweisen untersucht, die erkennbar mit positiven Emotionen im Zusammenhang stehen, wie beispielsweise das Hochreißen beider Arme oder starke Gesichtsausdrücke und Jubelschreie. Ergebnisse der Studie legen nahe, dass Spieler, die bestimmte Jubelreaktionen zeigen, auch mit größerer Wahrscheinlichkeit zu der Mannschaft gehörten, die das Elfmeterschießen für sich entscheidet. So war es wahrscheinlicher, dass der nächste Schuss eines Gegners das Tor verfehlte, wenn der Torschütze zuvor extreme Jubelreaktionen gezeigt hatte. Die Forscher vermuteten daher, dass der individuelle Ausdruck von Emotionen nicht nur direkten Einfluss auf die Steigerung der künftigen Mannschaftsleistung, sondern auch auf die Leistung der gegnerischen Mannschaft hat. Im Kontext von Fußball- und Baseballspielen zeigten Studien darüber hinaus, dass auch die positive, **emotionale Reaktion des Trainers** eine Rolle für die Leistung der Mannschaft spielte.

Erkennbare Ausdrücke von Glücksgefühlen seitens des Trainers sagte nicht nur das erlebte Glück der Spieler positiv vorher, sondern auch die gute Leistung. Besonders bemerkenswert erscheint, dass der Ausdruck positiver Emotionen Leistung förderte, der Ausdruck von Wut jedoch nicht (van Kleef et al. 2019). Auf der dunklen Seite der Emotionen sind jedoch auch kollektive Teamzusammenbrüche (engl. „collective team collapse") Emotionaler Ansteckung zugeordnet worden. So kann es passieren, dass in Führung liegende Mannschaften einen unerwarteten Kontrollverlust über den Spielverlauf, sowie plötzlichen Leistungseinbruch und letztlich die Niederlage erleiden.

3.2.2 Aggression

Als natürlicher Bestandteil des sozialen Geschehens ist Aggression auch eine natürliche Emotion im Sport. Eine einheitliche Definition von Aggression im Sport gestaltet sich dennoch als schwierig, da die Interpretation von Aggressivität und gewalttätigem Verhalten stark kontextabhängig ist und zwischen Sportarten variieren kann. Im Eishockey existieren z. B. eindeutige Strafen für aggressive Verhaltensweisen wie für den Check eines Gegenspielers mit waagerechtem Schläger. Ein Check mit dem Körper repräsentiert im Eishockey hingegen akzeptables Verhalten, würde jedoch im Basketball oder Fußball als eindeutiges Foul und illegitimes, gewalttätiges Verhalten geahndet werden. Zusätzlich erschwert wird die Definition von der Lokalisation des Verhaltens (im Spiel vs. abseits des Geschehens), der Rolle (Akteur, Betroffener vs. Beobachter), sowie Überlegungen zu Selektions- und Sozialisationshypothesen (aggressive Individuen suchen sich tendenziell aggressivere Sportarten vs. aggressive Sportarten fördern Aggressivität).

▶ Definition Schlicht und Strauß (2003) fassen zusammen, dass **Aggression** ein Verhalten ist, das die körperliche oder psychische Schädigung eines lebenden Organismus anstrebt, welcher diese wiederum zu vermeiden sucht. Bei der **expliziten** Aggression sollen andere Beteiligte (Gegner, Trainer, Zuschauer, etc.) geschädigt werden. Durch **instrumentelle** Aggression strebt der Sportler eine Leistungsverbesserung an, die mehr oder minder dem Regelwerk der Sportart entspricht. Statt aggressivem Verhalten wird deshalb häufig der Begriff des **assertiven Verhaltens** genutzt (Silva et al. 1980).

Abseits aggressiver Verhaltensweisen von Athleten, stellt die **Aggression und Gewalt von Zuschauern** ein besonderes Merkmal und gleichzeitig Problemfeld des Sports dar. Europäische Polizeien rekrutieren nicht selten Sondereinsatzkräfte, um das Risiko bevorstehender Fußballspiele abzuschätzen und ausreichende personelle Ressourcen zur Kontrolle etwaiger Ausschreitungen zu stellen. Die Kosten solcher Maßnahme belaufen sich auf bis zu 11 Mio. EUR pro Saison und Land (Statista 2019), weshalb es wichtig für die Praxis ist, die Entstehung und Vermeidung von Zuschaueraggression aus einer sozialen Perspektive besser zu verstehen.

Die Entstehung von Zuschaueraggression wird einerseits gefördert durch **situationale Faktoren** (z. B. Kultur, Geräuschkulisse, Temperatur und Hitze, Vorbildverhalten der Spieler, Alkoholspiegel) und individuelle Unterschiede zwischen Personen (Bildungsstand, Geschlecht, Hormonspiegel, Impulsivität, etc.); einen umfangreichen Überblick bietet Russel (2004). Andererseits spielen aber **soziale Aspekte** eine wichtige Rolle, denn Zuschaueraggression steht in Zusammenhang mit der Anwesenheit anderer Personen. Die Tendenz zur Zuschaueraggression steigt, wenn die persönliche Identifikation mit der Mannschaft oder der eigenen Fangruppe hoch sind (Knapton et al. 2018) und das Umfeld zugleich ein gewisses Maß an Anonymität garantiert. Fühlen sich Menschen anonym, so diffundiert die potenzielle Verantwortung für Fehlverhalten und dessen Konsequenzen und die allgemeine Neigung zu risikoreichem Verhalten steigt. Dieser Effekt wird in der Sozialpsychologie auch als Risikoschubphänomen bezeichnet. Hinzu kommt die falsche Überzeugung, dass die eigene Meinung oder das eigene Verhalten von vielen Menschen geteilt und als typisch erachtet wird, obwohl das Gegenteil der Fall ist (engl. „false consensus effect"), sowie die externale, unkontrollierbare und instabile Attribution des eigenen Fehlverhaltens (vgl. Abschn. 3.1.3). Zu guter Letzt werden bereits bestehende Tendenzen und Meinungen in Gruppen verstärkt (engl. „group polarisation").

Wie lässt sich Zuschaueraggression nun also eindämmen oder verhindern? Mit dem Wissen, dass Emotionen ansteckend sind, ist es wahrscheinlich, dass positive Emotionen und friedfertiges Verhalten von Außenstehenden nötig sind, um positives Verhalten und gute Stimmung bei Fans zu erzeugen. In der Tat zeigen Studien, dass Humor, Höflichkeit und gute Laune bei Polizeibeamten eine präventive Rolle bei der Entschärfung potenzieller Konflikte spielen (Lewis 1982). Und auch der Einsatz sogenannter „Roligans" kann einen positiven Einfluss auf Zuschaueraggression nehmen. Roligans sind friedliche Rollenvorbilder, die gezielt inmitten unruhiger Menschenmassen platziert werden und unabhängig vom Ausgang eines Spiels, Buhrufen oder Spott anderer Fans friedfertig reagieren (Eichberg 1992).

3.3   Gruppenprozesse

Welche Gruppeneffekte sind im Sport von Relevanz?
Wenn es um die Beeinflussung von Gruppen geht, so muss zunächst der Begriff
der Gruppe definiert werden. Die Minimalkennzeichen einer Gruppe sind die Mit-
gliederanzahl von mindestens zwei Personen, das Bewusstsein der Mitglieder einer
Gruppe anzugehören, die Interaktionsmöglichkeit untereinander, sowie die gegen-
seitige Beeinflussung der Mitglieder bezüglich ihrer Wünsche und Ziele (Aronson
et al. 2014). In ähnlicher Art und Weise definierten Carron und Hausenblas (1998)
den Gruppenbegriff im Sport mithilfe der drei Merkmalskomplexe Gruppenumfeld
(engl. „group environment", d. h. Gruppengröße, Gruppenumfeld), Merkmale der
Gruppenmitglieder (engl. „members attributes", d. h. Ressourcen und Fähigkeiten
der Mitglieder) und Gruppenstruktur (engl. „group structure", d. h. Statusunter-
schiede, Rollenverteilung, Gruppennormen, Führungsansprüche). Im Sport sind
über den Begriff der Gruppe hinaus jedoch vor allem die Begriffe der Mannschaft
und des Teams von Interesse. Nach Brand (2010) ist die Interaktionsdichte und
-frequenz bei Mitgliedern einer Mannschaft meist höher, was die Mannschaft zu
einem sozial engeren Geflecht macht als die Gruppe. Teams kennzeichnen über
diese Merkmale hinaus, eine hoch ausgeprägte Kohäsion und gemeinsame Iden-
tität, gefolgt von Selbstorganisation und häufig interner Führung (Brand 2010).
Definitionen von Gruppe vs. Team sind jedoch häufig in der Literatur nicht einheit-
lich und oft ergeben sich inhaltliche Überlappungen (z. B. Führungsansprüche in
der Gruppe vs. interne Führung im Team). Festhalten lässt sich jedoch, dass während Teams immer als eine Unterart der Gruppen gezählt werden können, Gruppen
nicht immer ein Team darstellen. In diesem Unterkapitel möchten wir Beispiele für
veränderte Leistung, verändertes Verhalten, sowie veränderte Wahrnehmung und
Entscheidungsfindung in und durch Gruppen berichten.

3.3.1   Soziale Erleichterung und Soziales Faulenzen

Zwei prominente Effekte der sozialen Umwelt auf die persönliche Leistung sind
die soziale Erleichterung und das soziale Faulenzen (Zajonc 1965). Beide Effekte
spiegeln einen Leistungsanstieg oder -abfall wider, der bei Anwesenheit anderer,
abhängig von Bewertungsangst und daraus resultierender Erregung entsteht.
      In der sozialpsychologischen Forschung existieren differenzierte Modellvor-
stellungen, die eine Prognose von Verhalten in Gruppen erlauben. Grundsätzlich

erhöht die Anwesenheit anderer Personen das Aktivierungsniveau. Die Aktivierung kann einerseits durch eine erhöhte Aufmerksamkeit bedingt sein, aber auch durch Angst vor einer Bewertung durch die anderen zustande kommen. Niemand möchte gerne von sich hören, er habe sich dumm angestellt. Bei einfachen bzw. gut gelernten Aufgaben kann man sich die Aktivierung jedoch zunutze machen – die Leistung wird also durch die Anwesenheit anderer erleichtert (soziale Erleichterung). Handelt es sich jedoch um schwierige, wenig geübte Aufgaben, erschwert die Anwesenheit Anderer das Erbringen der Leistung und man spricht von sozialer Hemmung.

Besteht eine geringe Messbarkeit der Einzelleistung des Individuums innerhalb einer Gruppe und damit auch eine niedrige Erregung, kann das sog. soziale Faulenzen resultieren. Soziales Faulenzen bezeichnet generell einen Motivationsverlust, z. B. weil die Gruppenmitglieder denken, dass die eigene Leistungsreduktion nicht auffällt, die eigene Leistung entbehrlich ist oder man durch eigene Zurückhaltung von der Leistung der anderen Gruppenmitglieder profitiert. Im Sport ist soziales Faulenzen beispielsweise von Bedeutung für Schwimmer, deren Individualleistung in einem Gruppenwettkampf abnimmt, weil sie als weniger relevant eingestuft wird. In Konsequenz führt dies in einer Staffel zu einer langsameren Gesamtzeit verglichen mit der Summe der Individualzeiten eines Einzelwettkampfes (Williams et al. 1989). Ähnlich zeigt sich bei Fußballenspielen unterschiedlicher Leistungsklassen, z. B. ein Spiel zwischen Erst- und Drittligist beim DFB-Pokal, eine Leistungs- bzw. Anstrengungsreduktion bei Spielern der ranghöheren Mannschaft, weil sie implizit annehmen, das Spiel bereits gewonnen zu haben. Die Anfälligkeit für soziales Faulenzen kann sich durch die Teilnahme an Mannschaftssportarten jedoch auch reduzieren (Czyż et al. 2016). So zeigte eine Studie mit Sprintern, dass bestimmte, kohäsionsfördernde Übungen vor einem Sprint zu einem ebenso schnellen Ergebnis wie in einer Einzelbedingung führen, unabhängig davon, ob die Einzelleistung der Sprinter messbar war (Høigaard et al. 2006). Vor allem letztere Studie verdeutlicht die Relevanz der Sportpsychologie, da Testumgebungen wie der Sport Grenzen von und Einflussfaktoren auf universelle psychologische Phänomene aufzeigen können.

3.3.2 Geteilte Mentale Modelle

Teamkognition, allgemein definiert als die kognitiven Strukturen und Prozesse innerhalb von Teams, ist ein Thema von zunehmendem Interesse im Sport, aber auch in anderen Bereichen in denen Gruppenprozesse abgestimmt werden müssen, wie etwa bei der Bundeswehr oder bei der Polizei. Quintessenz der

Teamkognitionsforschung ist, dass gemeinsames Wissen in Teams die Teamkoordination und -leistung fördert. In diesem Zusammenhang stößt man vermehrt auf Ansätze der geteilten mentalen Modelle (engl. „shared mental models"), die im Sport vor allem in den Mannschaftssportarten positiven Effekt auf die Gesamtleistung des Teams hervorrufen. In Mannschaftssportarten sind die Verfolgung einer gemeinsamen Strategie, sowie die Antizipation der Handlung anderer Mitspielerinnen essentiell, um aus guten Individualleistungen eine gute Gesamtleistung hervorzubringen. Die korrekte Prädiktion der Reaktionen und Handlungen anderer setzt dabei jedoch eine ähnliche Wahrnehmung der Situation voraus. Ist die Wahrnehmung in hohem Maße deckungsgleich, so spricht man von einem geteilten mentalen Modell (Coverse et al. 1993).

Gemessen werden die Modelle überwiegend mithilfe von Fragebögen sowie der Methode der kritischen Ereignisse und der sich ergebenden Übereinstimmungs-Indizes, Interrater-Konsistenzen und -Reliabilitäten (Webber et al. 2000). Die Mehrzahl der Studien dokumentiert eine erhöhte Leistung (z. B. Prozentsatz der Saisonsiege oder Punkteverhältnis zweier gegnerischer Mannschaften) und präzisere Koordination einzelner Handlungen bei vorhandenen bzw. stark ausgeprägten, geteilten mentalen Modellen z. B. im Basketball (Webber et al. 2000), Handball und Eishockey (Giske et al. 2014), Fußball (Gershgoren et al. 2013) oder Rugby (z. B. Mascarenhas et al. 2005). Darüber hinaus verzeichnen Teams mit ausgebildeten, gemeinsamen mentalen Modellen geringere Neigungen zu Intragruppenkonflikten, erhöhte Motivation, sowie gesteigerte Kreativität und Kapazität zu spontanen Reaktionen im Spiel (z. B. Santos et al. 2015). Es ist davon auszugehen, dass geteilte mentale Modelle im Team vor allem dann erreicht werden, wenn Gruppenmitglieder gemeinsames Wissen über verschiedene Aufgaben, detaillierte Aufgabenmerkmale, Strategien der Gruppe, oder Einschränkungen in der Umwelt haben, über hohe Rollenklarheit in der Gruppe verfügen und Verantwortlichkeiten eindeutig Personen zuordnen können.

3.3.3 Führung von Gruppen

Um eine gute sportliche Leistung zu erbringen, benötigt es nicht nur eine optimale taktische und technische Vorbereitung, sondern auch eine umfassende Vorbereitung und positive Beeinflussung der psychischen Einstellung. Diese Aufgabe übernimmt im Sport zumeist der Trainer, denn seine Aufgabe ist es, die Mannschaft auf das Erreichen des gemeinsamen sportlichen Zieles vorzubereiten. Die Position des Trainers ist begründet durch eine offizielle Wahl oder Vergabe durch

Dritte, weshalb die Führungsrolle des Trainers oder auch des Mannschaftskapitäns, als *formale* Führungsrolle bezeichnet wird (siehe Pfister und Neumann 2019, für weitere Informationen zur Angewandten Psychologie von Führungskräften). Vor allem die formalen Führungsrollen unterliegen dem Fokus der Forschung und informieren über die Ausgestaltung der Rolle z. B. durch unterschiedliche Führungsziele, Hierarchiegefälle, Netzwerke, usw. Wie später in diesem Kapitel dargestellt, spielt im Sport jedoch vor allem die informelle Führung, also jene von Personen, denen keine offizielle Führungsrolle zugeschrieben wird, eine große Rolle.

Formelle Führung – Führungsstile im Sport Es gibt viele Theorien über die Klassifikation von Führungsstilen. Nach dem Kontingenzmodell von Fiedler (1978) unterscheidet man die aufgabenorientierte von der beziehungsorientierten Führung. Zum aufgabenorientierten Führungsstil gehört neben der materiellen Unterstützung vor allem auch die Leistungsbewertung. Im Vergleich dazu liegt der Fokus beim beziehungsorientierten Führungsstil vor allem auf der Wertschätzung der Leistung der einzelnen Gruppenmitglieder und einem positiven Arbeitsklima. Nach Fiedler sind sowohl die Charaktereigenschaften der führenden Person als auch das Arbeitsumfeld entscheidend dafür welcher Führungsstil verfolgt wird. Im Sport zählt darüber hinaus auch, ob sich die Führung auf Leistungsentwicklung im Mannschaftssport oder Individualsport bezieht. In Einzelsportarten, wie zum Beispiel Golf, ist für die Leistung der Athleten eine aufgabenbezogene Führung häufig förderlicher, da individualisierte Instruktionen und Feedback eine schnelle Leistungssteigerung hervorrufen. Im Gegensatz dazu kann dieses Führungsverhalten des Trainers im Mannschaftssport zu einer Verschlechterung der Leistung führen, weil sich z. B. Ungleichheiten in den sozialen Beziehungen und dadurch subjektiv-empfundene Benachteiligung entstehen kann. Wenn man Athleten danach fragt, was einen Spitzentrainer (engl. „expert coach") kennzeichnet, dann sind es neben der fachlichen Kompetenz vor allem auch seine psychosozialen Kompetenzen und die damit verbundene Fähigkeit der Beziehungsgestaltung, die genannt werden (Becker 2009). Für eine optimale Leistungsentwicklung im Mannschaftssport spielt die soziale Unterstützung und somit eine beziehungsorientierte Führung des Trainers eine große Rolle (Pfeffer et al. 2004). Jedoch ist hier anzumerken, dass andere Faktoren wie das Alter der Athleten beeinflussen können welcher Führungsstil zu einem besonders hohen Leistungszuwachs führt. Vor allem im Nachwuchsbereich ist ein aufmerksamer, auf die Bedürfnisse des Sportlers eingehender Trainer enorm wichtig für die persönliche Entwicklung der jungen Athleten (Alfermann et al. 2002). Abseits der aufgaben- vs. beziehungsorientierten Führung, gehören zu den hohen fachlichen Anforderungen eines professionellen Trainers die Beobachtung, Bewertung und Motivation der Spieler, sowie die Gesprächsführung, Ausgestaltung von Ansprachen und Gabe von Interviews. Mannschaftsführung, Kommunikation und Rhetorik gehören auch zu den Ausbildungsinhalten der Trainerausbildung, etwa beim Deutschen Fußball Bund (DFB) (vgl. Lobinger 2019). Neben nonverbaler Kommunikation, Gesprächsführung, Instruktion und Gestaltung von Feedback, die alle im Coaching eine große Rolle spielen, geht es für Trainer in Sportspielen oft auch darum, Mannschaftsansprachen effektiv zu gestalten. In einer in 2018 veröffentlichten Studie wurden Sportler gebeten, Ansprachen (engl. „team speech") in Hinblick auf ihre inspirierenden Elemente zu bewerten (Smith et al. 2018). Es konnten sechs Aspekte identifiziert werden: Stärken der inneren Überzeugung; Annehmen der Außenseiter Rolle (engl. „underdog"); Aufzeigen, wie das Team erfolgreich sein kann; Spieler ermuntern persönliche Verantwortung zu übernehmen (engl. „empowering"); Stärken von Stolz und Einheit im Team und Ansprechen der Herausforderung und der zu erwartenden Belohnung (Smith et al. 2018).

Neben den klassischen Führungsstilen wie dem demokratischen, autokratischen oder laissez-faire Führungsstil (für einen Überblick siehe Lang und Rybnikova 2014), ist ein im Sport prominenter Führungsstil der der transformationalen Führung. Bei transformationaler Führung geht es vor allem darum, Emotionen der einzelnen Gruppenmitglieder anzusprechen und individuelle Ziele in ein gemeinsames Ziel zu transformieren. Der Führungsstil baut auf motivierende Einflussnahme, Inspiration und Sinnvermittlung, sowie Stimulierung der Kreativität und erfährt daher besondere Berücksichtigung im Coaching von Jugendlichen (für einen Überblick siehe Turnnidge und Côté 2016). Als herausragende, Trainer im Spitzenfußball, die transformationale Führung praktizieren und die Emotionen ihrer Spieler verstehen und nutzen, um Bestleistungen hervorzurufen, werden z. B. Pep Guardiola oder Jürgen Klopp charakterisiert. In Studien zeigte sich, dass transformational führende Personen häufig ein hohes Maß an moralischem Denken aufweisen (Turner et al. 2002), jedoch wird oft kritisiert, dass die Instrumentalisierung der geführten Personen ethischem Verhalten konträr gegenübersteht. Abseits der Moralität herrscht jedoch überwiegend Einigkeit in der Forschung darüber, dass transformational führende Personen gesteigerte Leistungsbereitschaft und Motivation bei den Teammitgliedern provoziert (Arthur et al. 2011). Außerdem weisen diese Personen häufig hohe Werte auf den Skalen Extraversion und Verträglichkeit auf (Judge und Bono 2000).

In Hinblick auf die kontrovers diskutierte Moralität von Trainern, ist der Ansatz des dienenden Führens (engl. „servant leadership") in den Vordergrund gerückt. Dieser häufig wenig beachtete Stil ist dadurch gekennzeichnet, dass, im Gegensatz zur transformationalen Führung, kein hierarchischer Unterschied zwischen der Führungsposition und dem Team existiert. Die Führungsposition ist eher selbstlos, priorisiert also die Bedürfnisse und Ziele der Gruppe und rückt eigene Bedürfnisse oder auch die des Vereins in den Hintergrund. Hierdurch wird eine reduzierte psychologische Belastung aller Beteiligten, eine Stärkung der Sicherheit und Verbundenheit und damit die Befriedigung sozialer Grundbedürfnisse ermöglicht (Rivkin et al. 2014). Als Vorzeigebeispiel für den dienenden Führungsstil im Sport gilt Gareth Southgate, englischer Fußballnationaltrainer, der sich von anderen charismatischen Trainern vor allem durch Altruismus und Bescheidenheit auszeichnet.

Es sei abschließend an dieser Stelle darauf hingewiesen, dass jedoch kein Urteil über einen „besten" Führungsstil zur Leistungssteigerung getroffen werden kann, da Trainer und ihre Leistungen immer im Kontext der zu führenden Gruppe und ihrer Bedürfnisse sowie der Aufgabe und Umweltbedingungen zu bewerten sind. Nicht zuletzt deshalb ist die Bewertung eines Trainers allein auf Grundlage des Mannschaftserfolges, wie z. B. der Punkte, die er durchschnittlich mit dem Team holt (engl. „winning percentage"), oder der Anzahl der Medaillen seiner Athleten, unzureichend. Um die Interaktionen zwischen Trainer, Athlet/Mannschaft, sowie der multiplen, möglichen Einflussgrößen besser zu verstehen, ist weitere Feldforschung nötig. Die empirische Forschung im Spitzensport ist jedoch herausfordernd, da der Zugang zu Top-Trainern und Spielern schwierig ist, kulturelle Unterschiede zu berücksichtigen sind und die Stichproben häufig begrenzt sind (alles im Vergleich zu einer studentischen Population, die häufig als Untersuchungsteilnehmer gefragt ist).

Informelle Führung – Athlete Leadership Informelle Führung ist dadurch gekennzeichnet, dass keine formal ernannte Person Führungsaufgaben übernimmt. Im Sport kommt diese besondere Rolle häufig einzelnen Mannschaftskameraden zu, sodass man international von Führung durch Athleten (engl. „athlete leadership") spricht. Diese Führungsperson (engl. „athlete leader") innerhalb der Mannschaft hat eine informelle oder formelle Führungsrolle, etwa als Mannschaftskapitän oder Führungsspieler im Mannschaftsrat inne. Als Führungsspieler beeinflusst er Gruppenmitglieder bei der Verfolgung gemeinsamer Ziele (Loughead et al. 2006) und zeichnet sich durch Charaktereigenschaften wie Ambition, Dominanz und Verantwortungsbewusstsein aus (Klonsky 1991). Nach Fransen und Kollegen (2014, 2016a) lassen sich vier Rollen der athletischen Führung unterscheiden. Während der aufgabenbezogene, „athlete leader" die taktische und strategische Führung auf dem Spielfeld übernimmt und die Mitspieler koordiniert, zielt der motivierende „athlete leader" auf eine Erhöhung der Motivation und Anstrengung der Teammitglieder. Der soziale „athlete leader", fungiert als vermittelnde, vertrauenswürdige Instanz sowohl auf als auch abseits des Spielfeldes und trägt zur Erhöhung der Kohäsion und guten Atmosphäre im Team bei. Die Aufgabe des externen „athlete leader" ist es, sich um die Zusammenarbeit und Kommunikation mit der Clubleitung, den Medien und Sponsoren zu kümmern und somit als Interessenvertreter des Teams nach außen zu agieren. In mehr als 98 % aller Mannschaften sind die vier Rollen auf mehrere Personen aufgeteilt und die Mehrheit der Athleten gibt an, eine auf die Mannschaft verteilte Führung auch zu bevorzugen. Demnach sei ein Anteil von 85 % athletischer Führer innerhalb einer Mannschaft ideal, von denen wiederum 66 % keine formelle Führungsrolle haben sollten (Fransen et al. 2016b; Crozier et al. 2013). Anekdotische Evidenz und illustres Beispiel für die positiven Effekte einer solchen Führungskonstellation innerhalb der Mannschaft bietet die Nationalmannschaft der Fußball-Weltmeisterschaft 2006. Hier trugen Bastian Schweinsteiger und Lukas Podolski, neben Kapitän Michael Ballack, als Führungsspieler durch Motivation, positive Verstärkung, Witz und Charisma zu erhöhter Mannschaftsleistung bei. Auch Studien attestieren den Zusammenhang zwischen athletischer Führung und verbesserter Performanz. Zu den am häufigsten demonstrierten, positiven Effekten zählen erhöhte kollektive Wirksamkeit, Kohäsion, Zufriedenheit der Teammitglieder mit der Zugehörigkeit zur Mannschaft, verbesserte Kommunikation und Konfliktfähigkeit (Cotterill und Fransen 2016).

Entwicklungspsychologie und Sportpsychologie

4

Entwicklungspsychologische Fragestellungen haben in der Sportwissenschaft sowie in der Psychologie eine lange Tradition, denn sie sind in verschiedenen Feldern des Sports allgegenwärtig. Im Sport werden Sportlerinnen schon in jungen Jahren für Vereine identifiziert und in einem System trainiert, das auf dem chronologischen Alter basiert, unabhängig davon, auf welchem Niveau die Sportart ausgeübt wird.

4.1 Entwicklung im und durch Sport

Eine zentrale Aufgabe mit praktischer Relevanz für den Leistungs-, aber auch den Schul- und Breitensport ist zu verstehen, wie sich die motorischen und kognitiven Prozesse von Kindern und Jugendlichen im und durch den Sport entwickeln und gefördert werden können, sowie vorherzusagen, wie diese mit (zukünftiger) sportlicher Leistung und Expertise zusammenhängen. Damit besteht eine enge Verbindung zu Fragen der Talentidentifikation und -entwicklung im (Nachwuchs-)Leistungssport. Neben Kindern und Jugendlichen stehen aber auch Erwachsene und vor allem ältere Menschen im Fokus entwicklungspsychologischer Fragestellungen im Sport. Die Frage danach wie sich motorische und kognitive Prozesse auch im Alter durch Sport aufrechterhalten und/oder fördern lassen, um (motorische) Sicherheit und Alltagstauglichkeit im Alter aufrechtzuerhalten ist ebenso zentral. Theoretisch ist die Untersuchung von Motorik und Kognition im Sport aus einer Entwicklungsperspektive darüber hinaus wichtig für das Verständnis wie motorische und kognitive Prozesse interagieren, wann und wie sie im und

© Springer-Verlag GmbH Deutschland, ein Teil von Springer Nature 2021
B. Lobinger et al., *Sportpsychologie, Was ist eigentlich …?*,
https://doi.org/10.1007/978-3-662-63043-3_4

durch Sport trainiert werden können und wie sie mit (sportlicher) Leistung und Gesundheit im Lebensverlauf zusammenhängen.

Demnach liegen der aktuellen entwicklungspsychologischen Betrachtung der Sportpsychologie, wie auch der entwicklungspsychologischen Forschung generell, meist eine Lebensspannenperspektive zugrunde (Baltes 1987; Montada et al. 2018). Diese beinhaltet, anders als ein klassischer Entwicklungsbegriff, dass Entwicklung als lebenslange Entwicklung verstanden wird, die nicht nach der Jugend oder im jungen Erwachsenenalter abgeschlossen ist, sondern Veränderung bis ins Alter stattfindet. Außerdem sind Veränderungen in verschiedene Entwicklungsabschnitte demnach durch Gewinne und Verluste oder Einschränkungen gekennzeichnet. Dies erweitert den engen Entwicklungsbegriff, der davon ausgeht, stufen- oder phasenweise Verbesserung fände statt. Wichtig ist außerdem, dass die Lebensspannenperspektive davon ausgeht, Entwicklung sei nicht normativ allgemein, sondern differentiell individuell. Das bedeutet, dass man individuelle Entwicklung gekennzeichnet durch spezifische Konstellationen an persönlicher Disposition, Umwelt und Kulturbedingungen betrachten sollte (Montada et al. 2018).

Bei entwicklungspsychologischen Fragestellungen im Sport sind auch Fragen der inter- und intraindividuellen Veränderung relevant. Welche Art der Veränderung von primärem Interesse ist, bestimmt dann den methodischen Zugang, vor allem das Forschungsdesign und die zu untersuchende Stichprobe, aber auch die Erhebungsmethode. Interindividuelle Veränderungen beziehen sich auf Vergleiche zwischen Personen oder Altersgruppen, ob beispielsweise ein U8 Fußballerspieler bessere Entscheidungen trifft als ein U10-Spieler. Um dieser Art von Forschungsfrage nachzugehen werden Querschnittstudien durchgeführt, bei denen Altersgruppen unterschiedlichen Alters verglichen werden. Um intraindividuelle Veränderung abbilden zu können, sind (prospektive) Längsschnittstudien nötig. Dazu werden die gleichen Athletinnen über mehrere Messzeitpunkte untersucht, um z. B. zu schauen, wie sich eine motorische Fertigkeit bei der gleichen Turnerin im Alter von 6 Jahren bis zum Alter von 8 Jahren weiterentwickelt hat. Da der moderne Entwicklungsbegriff auch Veränderungen durch Lernen umfasst, zählen auch Trainings- und Interventionsstudien zu gängigen Forschungsdesigns.

▶ **Definition** „**Entwicklungspsychologie** beschäftigt sich mit Veränderungen und Stabilitäten im Lebenslauf" (Montada 2002, S. 3).

Im Folgenden werden Forschungstrends und empirische Befunde zu motorischer und kognitiver Entwicklung überblicksartig dargestellt und exemplarische Studien vorgestellt. Außerdem werden mit Fokus auf den Leistungssport ausgewählte Phänomene der Talentforschung thematisiert: Talentidentifikation und -entwicklung, sowie der relative Alterseffekt (engl. „relative age effect").

Fragen

Trägt motorische Kompetenz zu körperlicher Fitness bei?
Sind körperlich aktive ältere Menschen im Alltag sicherer?
Was trägt Sport zur psychosozialen Entwicklung bei?
Verbessern Bewegungspausen in der Schule die kognitive und schulische Leistung?
Wie entwickeln sich kognitive Entscheidungsprozesse im Fußball? Welche psychologischen Variablen und motorisch-kognitive Fertigkeiten sind für Talententwicklung im Fußball relevant?
Warum ist es als Leistungssportlerin erfolgversprechend, Anfang des Jahres geboren zu sein?

4.2 Motorische Entwicklung

Motorische Entwicklung ist eines der zentralen Themen der Sportpsychologie. Motorische Entwicklung ist dabei nur schwer von den verwandten Forschungszweigen und Themenbereichen der motorischen Kontrolle und des motorischen Lernens (vgl. Abschn. 2.2) zu trennen (Schott et al. 2019). In einem Überblicksartikel von Schott et al. (2019) findet sich eine umfassende Darstellung und historische Einordnung. Die Autorinnen zeigen dementsprechend auch aktuelle Trends des Embodiment Ansatzes (vgl. Abschn. 2.2).

Hier möchten wir vor allem hervorheben, dass die Sportpsychologie Fragestellungen adressiert, die sich um die Entwicklung „allgemeinerer" motorischer Fertigkeiten und Prozesse wie Laufenlernen (Adolph und Hoch 2019) oder motorisches Planen drehen (Wunsch et al. 2015). Genauso werden sportspezifische motorische Fertigkeiten und Entwicklung untersucht, wie z. B. die Entwicklung motorischer Fertigkeiten von jungen Turnerinnen oder der Effekt von Turnen auf motorische Kontrolle (Garcia et al. 2011). Während diese Fragestellungen darauf abzielen, motorische und sportliche Leistung im Kindes- und Jugendalter zu erklären oder vorherzusagen, ist auch der Zusammenhang von motorischen Fertigkeiten und Gesundheit in den Fokus sportpsychologischer Forschung gerückt (Utesch et al. 2019).

Trägt motorische Kompetenz zu körperlicher Fitness bei?
Im Laufe der Entwicklung lernen Kinder verschiedene motorische Fertigkeiten, die sowohl grob- als auch feinmotorische Fertigkeiten umfassen. Dies wird mit dem Konstrukt motorischer Kompetenz zusammengefasst.

▶ **Definition** **Motorische Kompetenz** beschreibt den Grad zu dem ein Individuum in der Lage ist, ein breites Spektrum motorischer Fertigkeiten auszuführen und die Mechanismen (z. B. motorische Kontrolle und Koordination), die dieser Leistung zugrunde liegen (Utesch et al. 2019).

Motorische Kompetenz kann im und durch Sport gefördert werden. Aktuelle sportpsychologische Forschung geht diesbezüglich auch der Frage nach, inwiefern motorische Kompetenzen gesundheitsförderlich sind. In einer aktuellen Metaanalyse mit 19 Studien und 32 Stichproben im Alter von 4,5 bis 20,4 Jahren, konnte ein mittlerer bis starker Zusammenhang von motorischer Kompetenz und körperlicher Fitness gezeigt werden (Utesch et al. 2019). Dieser positive Zusammenhang wurde durch Alter moderiert, was bedeutet, dass der Zusammenhang im Alter stärker war.

Sind körperlich aktive ältere Menschen im Alltag sicherer?
Sport und körperliche Aktivität haben auch positive Effekte auf die Funktionsweise des motorischen Systems. In der Geriatrie stehen nicht selten degenerative Alterserscheinungen im Mittelpunkt der Betrachtung. Die Gerontologie interessiert sich besonders auch für erfolgreiches und gelingendes Altern. Das soll an einem Beispiel deutlich gemacht werden. Die Unfallstatistiken zeigen, dass Ältere (ab ca. 65 Jahren) einem erhöhten Sturzrisiko unterliegen. Das individuelle Risiko hängt aber auch maßgeblich vom persönlichen bewegungsbezogenen Sicherheitsmanagement ab: Halte ich mich körperlich fit? Vermeide ich riskante Situationen (Stolperfallen im Haushalt oder rutschigen Untergrund)? Und weiß ich, was ich mir körperlich zutrauen kann? (vgl. Lobinger 2003). Der Sport kann hier einen wichtigen Beitrag zur Prävention von Stürzen im Alter leisten, z. B. dadurch, dass durch Kraftübungen die Muskelkraft und durch Koordinationsübungen die Balancefähigkeit besser erhalten bleibt oder sogar verbessert wird. Auch in der Rehabilitation, beispielsweise nach einer Hüft- oder Knieoperation, leistet Bewegung einen wichtigen Beitrag dazu, dass Ältere wieder mobil werden. Insgesamt können Bewegungsangebote dazu beitragen, dass aktives, erfolgreiches Altern gelingen kann. Die Weltgesundheitsorganisation (engl. „world health organisation", WHO) empfiehlt, dass Senioren möglichst mindestens 150 min pro Woche aerobe körperliche Aktivität mit moderater Intensität (z. B. 5 × 30 min/Woche) oder mindestens 75 min pro Woche aerobe

körperliche Aktivität mit höherer Intensität absolvieren. Außerdem werden Gleich-
gewichtsübungen zur Sturzprävention an drei Tagen der Woche und Kraftübungen
an mindestens zwei Tagen pro Woche empfohlen. Diese Empfehlungen machen
deutlich, dass ältere Erwachsene in Bezug auf körperliche Aktivität keineswegs „ge-
schont" werden sollten oder „kürzertreten" müssten. Im Gegenteil, regelmäßig aktiv
zu sein hat positive Auswirkungen auf Mobilität, Lebensqualität und Gesundheit,
auch im Alter und für ein langes Leben.

Leider lässt sich immer noch feststellen, dass ältere Menschen höhere individuelle Barrieren wahrnehmen und dadurch seltener oder weniger körperlich aktiv sind
als empfohlen (Buman et al. 2010). Es ist daher für die Sportpraxis und konkret
die Anwendungsfelder Gesundheitssport und Rehabilitationssport zentral, über die
positive Wirkung von Bewegungsangeboten und die Vielfalt der Angebote bis ins
hohe Alter (vgl. das Bewegungsangebot „Fit für 100" der Sporthochschule Köln für
Hochbetagte) zu informieren.

4.3   Kognitive Entwicklung

Während der Zusammenhang von Sport oder körperlicher Aktivität und motorischen Prozessen inhärent ist, ist der Zusammenhang zu kognitiven Prozessen
nicht direkt naheliegend. Die in der (Sport-)Psychologie prominente Embodiment
Perspektive (vgl. Abschn. 2.2) betont jedoch deutlich die wechselseitige Bezie-
hung zwischen Motorik und Kognition und damit auch zwischen körperlicher,
sensomotorischer Erfahrung und Kognition. Demnach soll in diesem Kapitel auch
die Bidirektionalität dieses Zusammenhangs berücksichtigt und anhand exempla-
rischer Reviews und Studien mit Kindern und älteren Erwachsenen abgebildet
werden, d. h. der Einfluss von Sport und körperlicher Aktivität auf kognitive
Prozesse und die entgegengesetzte Wirkrichtung.

**Verbessern Bewegungspausen in der Schule die kognitive und schulische
Leistung von Kindern?**
Eine Forschungslinie der Sportpsychologie beschäftigt sich damit, ob Sport und
körperliche Aktivität einen positiven Effekt auf die kognitive und z. B. auch die
schulische Leistung hat. Eine Meta-Analyse mit 31 Studien aus 2018 zeigt, dass
akut körperliche Aktivität die Aufmerksamkeitsleistung von Kindern steigert. Langfristig angelegte Programme zur Förderung körperlicher Aktivität über mehrere
Wochen haben sich über den positiven Aufmerksamkeitseffekt hinaus auch förder-
lich auf exekutive Funktionen (EF) und schulische Leistung ausgewirkt (Greef et al.

2018). Die größten Effekte hatten dabei Sportübungen, die auch kognitiv fordernd waren. In einer Meta-Analyse aus 2019 kamen die Autorinnen zu dem Fazit, dass körperliche Aktivitätsförderprogramme bei Kindern „nur" auf 10 von 21 (48 %) kognitive Konstrukte und auf 15 von 25 (60 %) Konstrukte, die die schulische Leistung abbilden, positive Effekte hatten. Starke Effekte zeigten sich jedoch für die Mathematikleistung (Pesce et al. 2019).

Neben dem Effekt von körperlicher Aktivität auf Leistung von Kindern, wirkt körperliche Aktivität auch im hohen Alter positiv: So zeigen längsschnittliche Ergebnisse, dass ein höheres Maß an körperlicher Aktivität mit dem Aufrechterhalten von körperlicher Leistungsfähigkeit und einem niedrigeren Demenz-Risiko assoziiert ist (Blondell et al. 2014).

Wie entwickeln sich kognitive Entscheidungsprozesse im Fußball?
Wie sieht es nun mit kognitiver Entwicklung im Sport aus und wie hängen kognitive Prozesse vielleicht schon in jungem Alter mit Expertise zusammen? In einer aktuellen Längsschnittstudie, in dem die Entwicklung kognitiver Entscheidungsprozesse von Nachwuchsleistungsfußballern im Fokus stand, zeigte sich, dass die Optionsgenerierung selektiver und effizienter wurde (Musculus et al. 2019). Im Verlauf der anderthalbjährigen Studie mit vier Messzeitpunkten zeigte sich, dass Nachwuchsfußballer schneller und weniger Optionen generierten, die Qualität der Optionen und der Entscheidung aber gleichblieb. Demnach büßen die Optionen und Entscheidungen nicht an Qualität ein, sondern werden effizienter. Außerdem zeigte sich insofern ein interindividueller Unterschied zwischen den jüngeren U11 und den älteren U14 Mannschaften, als dass sich die Älteren häufig intuitiver für ihre erste Option entschieden (Musculus et al. 2019). Darüber hinaus zeigte sich, dass bereits bei Nachwuchsfußballern im Alter von 6–13 Jahren Expertiseunterschiede auf kognitive Prozesse zurückgeführt werden können: Spieler, die in höheren Ligen spielten (Experten aus Nachwuchsleistungszentren), generierten effizienter Optionen und entschieden intuitiver als Spieler, die gleich lang aber auf niedrigerem Niveau (Vereinsspieler) Fußball gespielt hatten (Musculus 2018). Ergänzend werden wir im Folgenden über aktuelle Befunde aus der sportpsychologischen Talentforschung berichten.

4.4 Talentforschung

4.4.1 Talententwicklung

Prominente Beispiele für Athleten, die bereits im Jugendalter sportliche Höchst-leistung erbracht haben, sind Adam Ondra im Klettern, Simone Biles im Turnen und Lionel Messi im Fußball. Beobachtet man diese und vergleichbare Spitzen-sportlerinnen, drängen sich neben der Faszination für sportliche Höchstleistung schnell die Fragen auf: Was zeichnet diese Athleten aus? Wie sahen ihre Karrierewege aus?

Da Fußball ein besonders organisiertes und strukturiertes Talentsystem hat, in Deutschland zu den beliebtesten Sportarten zählt und vergleichsweise viele Stu-dien Fußballtalente in den Blick nehmen, liegt der Schwerpunkt nachfolgend auf der Talententwicklung im professionellen Jugendfußball. Im Zuge einer syste-matischen Talentidentifikation, Talentauswahl und Talentförderung haben sich im Fußball vor allem Stützpunktsysteme über die regionalen Fußball-Verbände und professionelle Leistungszentren der Vereine etabliert. Scouts und Trainer sichten die Spieler, und Manager verhandeln mit Eltern und Beratern, um die besonders leistungsstarken Talente für ihren Verein gewinnen zu können.

Talententwicklungsmodelle betonen zurecht die Vielfalt der Einflüsse in der Entwicklung talentierter Spieler (Williams und Reilly 2000). Es lassen sich unterschiedliche Stadien innerhalb der Talententwicklung identifizieren: Talent-sichtung, Talentidentifikation, ein wiederkehrender Prozess der Talentauswahl, -bestätigung und Talentmonitoring (Scheidet der Spieler leistungsbedingt aus dem System aus oder wird er in die nächsthöhere Mannschaft übernommen?), sowie schließlich die Beendigung der sportlichen Karriere (engl. „retirement"). Der Übergang von der Karriere als Sportler in das Berufsleben hat in den letzten Jahren verstärkt Berücksichtigung erfahren (Stambulova und Wyllemann 2014; Wyllemann und Lavalle 2004). Die Förderung der Dualen Karriere, d. h. die Vereinbarkeit von schulischer und nachschulischer Ausbildung und der sport-lichen Karriere, wird für die olympischen Sportarten vom DOSB unterstützt. Somit ist auch dies ein fester Bestandteil der ganzheitlichen Förderung in Jugendleistungszentren.

Welche psychologischen Variablen und motorisch-kognitive Fertigkeiten sind für Talententwicklung im Fußball relevant?
Um Aussagen über individuelle Entwicklungsprozesse machen zu können, sind aufwendige Längsschnittstudien von besonderem Wert. Folglich wird ein aktuelles Review zum Stand der Talentforschung aus dem Jahr 2020 zusammengefasst, das

ausschließlich Längsschnittstudien berücksichtigt hat, die für die entwicklungspsychologische Betrachtung aufschlussreich sind. Das Review stellt 27 multidis-
ziplinäre Längsschnittstudien dar und liefert für psychologische Variablen und
motorisch-kognitive Fertigkeiten aufschlussreiche Ergebnisse: Es zeigt sich, dass
Spieler, die zu den besseren Spielern im Nachwuchsleistungsfußball zählen oder gar
den Sprung in den Profifußball schaffen, sich dadurch auszeichnen, dass sie sich für
bessere Handlungen entscheiden (engl. „skill"), motorisch und technisch bessere
Leistung zeigen (engl. „motor score") und motivierter, konzentrierter, zielstrebiger,
problem-fokussierter und weniger emotional im Umgang mit Hindernissen sind
(engl. „psychological variables"; Williams et al. 2020). Interessanterweise verdeutlicht das Review auch, dass Trainer Aspekte für wichtig erachten, die in Studien
meist jedoch nicht untersucht werden, z. B. ist Selbstregulation nach Meinung der
Trainer ein durchaus wichtiges Talentkriterium (Williams et al. 2020). Dies deckt
sich auch mit Beobachtungen, die in der sportpsychologischen Arbeit mit Fußball-
vereinen und Trainern immer wieder deutlich werden und spricht für eine vermehrte
Einbeziehung der Trainer in die Talentbewertung (Musculus und Lobinger 2018).

4.4.2 Relative age effect

**Warum ist es als Leistungssportlerin erfolgsversprechender, Anfang des Jahres
geboren zu sein?**
In vielen Sportarten sind Kinder und Jugendliche in Altersgruppen organisiert. Um
die Altersgruppen zu organisieren, gibt es dazu bestimmte Grenzwerte, z. B. dient
der 1.1. eines jeden Jahres zur Einordnung von Kindern und Jugendlichen in die
jeweils jüngere (z. B. U10) bzw. ältere Fußballmannschaft (z. B. U11). Dieses
Organisationsprinzip scheint erst einmal nachvollziehbar und logisch, z. B. sind
auch Schulklassen in ähnlicher Weise organisiert. Daraus folgt, dass die ältesten
Kinder in einer Mannschaft (oder auch Klasse) maximal 12 Monate minus 1 Tag
älter sind als die jüngsten Kinder derselben Mannschaft (oder Klasse), oder, anders
gesagt, dass die ältesten aus einer jüngeren Mannschaft gerademal einen Tag jünger
sein können, als die jüngsten aus einer älteren Mannschaft (Wattie et al. 2014).
Im Sport zeigt sich, dass dieses Organisationsprinzip dazu führt, dass Kinder
„nur" aufgrund ihres Geburtsdatums Vor- oder Nachteile erfahren: Kinder, die kurz
nach der jeweiligen Altersgrenze geboren sind, werden mit höherer Wahrscheinlichkeit als Sport-Talent identifiziert und genießen dadurch eher professionelles
Training und Förderung im Sinne von Talententwicklung als die Kinder, die kurz
vor der jeweiligen Altersgrenze geboren sind (Cobley et al. 2009). Dieses Phänomen

inkl. der damit einhergehenden, langfristigen Konsequenzen, wird als „relative age effect" (RAE) bezeichnet. Eine Metaanalyse mit 38 Studien und 253 unabhängigen Stichproben mit 14 Sportarten in 16 Ländern zeigt, dass es tatsächlich einen kleinen RAE gibt (Cobley et al. 2009). Die Stärke des RAE wird durch verschiedene Faktoren des Sportkontextes moderiert: So zeigt die Meta-Analyse, dass der RAE bei männlichen Jugendlichen (15–18 Jahre), die auf nationalem oder internationalem Niveau aktiv sind und populäre Sportarten betreiben am stärksten ausgeprägt ist. Eine Meta-Analyse zu weiblichen Athletinnen zeigt ein ähnliches Befundmuster: Der RAE ist stärker bei U-11- und 12- bis 14-jährigen Mädchen, bei Athletinnen in höheren Ligen und in Sportarten mit höheren physischen Anforderungen (Smith et al. 2018).

Jetzt stellt sich aus Sicht der Sportpraxis und vor allem des Scoutings die Frage, ob es in Ordnung ist dem RAE zu „erliegen" und damit einen Selektionsbias für „relativ" ältere Athletinnen zu haben, oder ob man seine Talentidentifikation modifizieren sollte, um altersgerechter auszuwählen. Ergebnisse einer kreativen experimentellen Studie im Fußball zeigen, dass dies möglich wäre (Mann und van Ginneken 2017). In dieser Studie wurden Scouts in drei Gruppen aufgeteilt, die entweder keine Altersinformation, Altersinformation in Form des Geburtsdatums der Kinder oder in Form der Trikotnummer erhielten. Interessanterweise führten Trikots, die nach RAE nummeriert waren, anders als die Info zum Geburtsdatum, dazu, dass Scouts nicht mehr den RAE-Bias in ihrer Selektion hatten (Mann und van Ginneken 2017). Dieser Befund zeigt, dass es möglich ist, den Selektionsbias auszuschalten und Talentidentifikation entsprechend umzugestalten.

4.5 Psychosoziale Entwicklung

Dem Sport kommt auch eine wichtige Funktion in Hinblick auf die psychosoziale Entwicklung zu. Das soll hier anhand von zwei Themen behandelt werden: der Realisierung von Entwicklungsaufgaben im Sport, und dem Erlernen von Regeln und Werten im Kinderfußball.

Was trägt Sport zur psychosozialen Entwicklung bei?

Die psychosoziale Entwicklung assoziiert man traditionell mit Erik H. Erikson und dem von ihm formulierten Phasenmodell, das für jedes Lebensalter Entwicklungsaufgaben für die Orientierung zu sich selbst und den Mitmenschen formuliert wurde. Die Entwicklungsaufgaben entstehen im Zuge der physischen und psychischen Reifung, werden aber auch von der Umwelt gestellt. Ihre erfolgreiche

Bewältigung ist die Voraussetzung für eine glückliche, gelungene Persönlichkeitsentwicklung (vgl. Havighurst 1974). In einer Studie von Ohlert und Kleinert (2014) wurden 113 Handballerinnen und Handballer der Nationalkader des Deutschen Handballbundes zur Relevanz der Entwicklungsaufgaben nach Havighurst (z. B. die Zukunft planen, zu sich selbst finden, Wertesystem entwickeln, sich von den Eltern ablösen, einen festen Freund/eine feste Freundin haben, die Veränderungen des eigenen Körpers annehmen) und zusätzlich nach sportspezifischen Entwicklungsaufgaben (z. B. die sportliche Entwicklungen vorantreiben, Selbstorganisation entwickeln, emotionale Kontrolle entwickeln, den eignen Platz in der Gruppe finden, Balance zwischen Erholung und Belastung finden, mit den Rahmenbedingungen des Leistungssport umgehen können; vgl. Ohlert und Kleinert, S. 167) befragt. Die Ergebnisse zeigen, dass die sportlichen Entwicklungsaufgaben durchaus von Relevanz sind, was von den Autoren auch als Beleg dafür gesehen wird, dass das (Spitzen-) Sportsystem eine „Subkultur" darstellt (Ohlert und Kleinert, S. 167), die eigene Entwicklungsaufgaben bereithält.

Neben dem (Spitzen-)Sportsystem, waren in Deutschland im Jahr 2019 24 Mio. Menschen Mitglied in einem Sportverein. Der Deutsche Olympische Sportbund (DOSB) weist über 27 Mio. Mitgliedschaften aus; die Deutsche Sportjugend (dsj) über 9,6 Mio. Menschen bis 26 Jahre in über 90.000 Sportvereinen (dosb.de). Der Sportverein lässt sich also durchaus als Sozialisationsinstanz verstehen. Das wirft die Frage auf, was es im Sport fürs soziale Miteinander zu lernen gibt und welche sozialen Kompetenzen erworben werden (können).

▶ **Definition Soziale Kompetenz:** „Gesamtheit des Wissens, der Fähigkeiten und Fertigkeiten einer Person, welche die Qualität des eigenen Sozialverhaltens – im Sinne der Definition sozial kompetenten Verhaltens – fördert" (Kanning 2002, S. 155).

Die Soziale Kompetenz ist ein Sammelbegriff. Sozial kompetentes Verhalten ist laut Kanning Verhalten, welches in einer spezifischen Situation „dazu beiträgt, die eigenen Ziele zu verwirklichen, wobei gleichzeitig die soziale Akzeptanz des Verhaltens gewahrt wird" (2002, S. 155).
    Das Sportspiel bietet eine Fülle von Anlässen, mit Mitmenschen in den unterschiedlichsten Rollen und Funktionen zu interagieren und zu kommunizieren: die Absprachen innerhalb der Mannschaft, das Anfeuern der Mitspieler, aber (leider) auch ein Foul oder Konflikte mit dem Schiedsrichter oder negative, provozierende Äußerungen (engl. „trash talk") gegenüber dem Gegenspieler sind solche Anlässe. Die Form der Interaktion im Spiel ist durch das Regelwerk beeinflusst.

Der Schiedsrichter sorgt dabei für die Einhaltung der Regeln und ahndet Regelverstöße. Im Sport sind Regeln ebenso wichtig wie im Klassenraum und allgemein im gesellschaftlichen Miteinander. Viele Regeln transportieren Werte. So vermittelt etwa die Verbeugung zu Beginn eines Kampfes im Judo den Respekt vor dem Gegner, oder das Spielen des Balles ins Aus für eine Behandlungspause, wenn ein Spieler verletzt am Boden liegen bleibt. In Zusammenhang mit dem Erlernen von Werten sind Strafenkataloge von Interesse, wie sie häufig im Fußball eingesetzt werden. Lobinger und Heisler (2018) regen an, dass diese Kataloge eher als Regelkataloge zu verstehen sind, die gemeinsam mit den Kindern erarbeitet werden sollen und die als Orientierung zu verstehen sind, um für die Bedeutung von Werten im sozialen Miteinander zu sensibilisieren. Die Fair Play Liga im Kinderfußball ist ein gutes Beispiel dafür, wie Kinder im Sportspiel die Bedeutung von Regeln für die Gesellschaft erlernen können (vgl. Lobinger et al. 2019). Ursprünglich als Reaktion auf Zuschauerausschreitungen im Kinderfußball erdacht, beinhaltet die Fair Play Liga drei einfache Regeln: Es wird ohne Schiedsrichter gespielt, die Kinder entscheiden selbst z. B. über Einwurf oder Eckball und erst bei strittigen Fragen schalten sich die beiden Trainer ein, die in einer gemeinsamen Coaching Zone stehen; zudem sind die Eltern in einer extra Fanzone, 20 m vom Spielfeldrand entfernt. Das erfolgreiche Bewältigen von Entwicklungsaufgaben und das Erlernen der Sinnhaftigkeit von Regeln sind nur zwei Beispiele für die psychosoziale Entwicklung im und durch Sport. Inwieweit körperliche Aktivität und Sport zur Entwicklung der Persönlichkeit beitragen, ist Gegenstand der Persönlichkeitsforschung.

Differentielle Psychologie und Sportpsychologie

5

Während die Persönlichkeitspsychologie als Fach bzw. Teildisziplin der Psychologie verstanden werden kann und sich traditionell vor allem auch mit Persönlichkeitstheorien auseinandersetzt (vgl. Fisseni 1998), ist die Differentielle Psychologie eher eine Perspektive, die ihr Augenmerk auf interindividuelle Unterschiede richtet (Schmitt und Altstötter-Gleich 2010). So gesehen hat dieses Buch bereits in den Kapiteln zur Allgemeinen Psychologie, zur Sozialpsychologie und zur Entwicklungspsychologie differentialpsychologische Fragen aufgeworfen, etwa wenn von unterschiedlichen Motivausprägungen (vgl. Abschn. 2.3), Unterschieden zwischen Männern und Frauen (vgl. Kap. 3) oder Experten und Novizen (vgl. Abschn. 2.1 und 4.4) berichtet wurde.

▶ **Definition Persönlichkeit** ist „ein bei jedem Menschen einzigartiges, relativ stabiles und den Zeitablauf überdauerndes Verhaltenskorrelat" (Herrmann 1991, S. 29).

Diese Verhaltenskorrelate, die nicht direkt beobachtbar sind, sondern indirekt mithilfe von Fragebögen und diversen Testverfahren abgeleitet werden, umfassen dabei nach Asendorpf (2011) verschiedene Aspekte: Temperament, Fähigkeiten, Handlungsdispositionen, Einstellungen, Selbstkonzept und Wohlbefinden. Wichtig ist, dass es um stabile, d. h. nicht um leicht oder schnell veränderbare oder situativ-wechselnde Aspekte geht.

Die theoretischen Ansätze der Sportpsychologie orientieren sich an denen der Persönlichkeits- und Differentiellen Psychologie (Hänsel et al. 2019). Dabei stand

© Springer-Verlag GmbH Deutschland, ein Teil von Springer Nature 2021
B. Lobinger et al., *Sportpsychologie*, Was ist eigentlich ...?,
https://doi.org/10.1007/978-3-662-63043-3_5

und steht weitestgehend noch heute der **eigenschaftstheoretische Zugang** im Vordergrund, dessen klassisches und dominantestes Modell das der Fünf-Faktoren der Persönlichkeit ist (McCrae und Costa 2008; McCrae und John 1992). Die fünf Faktoren, die auch als **Big Five** bekannt sind, sind die Eigenschaften Neurotizismus, Offenheit, Extraversion, Gewissenhaftigkeit, und Verträglichkeit. Als klassisches Instrument ist hier das NEO-Fünf-Faktoren-Inventar (kurz: NEO-FFI; McCrae und Costa 2008) zu nennen.

Die **Diagnostik** von Persönlichkeitseigenschaften wird in der Sportpsychologie weitestgehend mit klassischen, generellen Persönlichkeitsfragebögen und -tests durchgeführt. Dabei ist zwischen Eigenschaften und Zuständen zu unterscheiden.

▶ **Definition Eigenschaft (engl. „trait"):** „Für einen bestimmten Menschen typisches Verhaltens- oder Veranlagungsmuster, das sich in seiner Art zu fühlen und zu handeln ausdrückt; kann erfasst werden durch Fragebögen zur Erhebung der Selbst- und der Fremdeinschätzung" (Myers 2014, S. 569).

▶ **Definition Zustand (engl. „state"):** „Psychischer Zustand zu einem bestimmten Zeitpunkt, d. h. die zeitlich fluktuierende und zumeist situationsspezifische Befindlichkeit einer Person" (Schmitt 2019).

Diese Unterscheidung zwischen „trait" und „state" wurde bereits für die Wettkampfangst und der Unterscheidung zwischen genereller Ängstlichkeit (Eigenschaftsangst) und momentaner, situativer Angst (Zustandsangst) beschrieben (vgl. Abschn. 2.4.2).

Die sportpsychologische Forschung beschäftigt sich vorwiegend mit zwei zentralen Fragestellungen: der Auswirkung von Sport auf Persönlichkeit, sowie im Gegenzug mit dem Einfluss von Persönlichkeit auf das Sporttreiben (Singer 2000). Der ersten Fragestellung liegt die Sozialisationshypothese zugrunde, welche der Annahme folgt, Sport trüge zur Formung der Persönlichkeit und zur Entwicklung von Persönlichkeitsmerkmalen bei. Der zweiten Fragestellung unterliegt die sogenannte Selektionshypothese, die aussagt, dass bestimmte Persönlichkeitsaspekte für den sportlichen Erfolg mitentscheidend seien. Neuere Annahmen stellen die Interaktionshypothese von Sport und Persönlichkeit ins Zentrum der Betrachtung (Conzelmann 2009). Gemäß dieser Hypothese begünstigen nicht nur bestimmte Persönlichkeitsmerkmale die Aufnahme einer bestimmten Sportart, sondern das

Betreiben dieser Sportart verändert auch die Persönlichkeit, was zu einer Intensivierung dieser sportlichen Aktivität oder aber auch zur Wahl einer neuen Sportart bzw. sportlichen Betätigung führen kann.

Fragen

Wie wirkt sich Sport auf die Persönlichkeit aus?
Welchen Einfluss haben Persönlichkeitseigenschaften bzw. psychische Merkmale der Person auf den Sport bzw. die sportliche Leistungsfähigkeit?
Was sind leistungsrelevante psychologische Talentkriterien im Fußball?

5.1 Sozialisationshypothese

Wie wirkt sich Sport auf die Persönlichkeit aus?
Im Zuge der Sozialisationshypothese zeigen Studien außerhalb des Leistungssports, dass die Teilnahme an außerschulischem Sport die Persönlichkeitsentwicklung von Kindern vorhersagen kann (Allen et al. 2015). Allen et al. untersuchten zwei unabhängige Stichproben jüngerer und älterer Kinder (n = 3956 Sechsjährige; n = 3862 Zehnjährige) hinsichtlich ihrer Beteiligung an außerschulischem Sport, der Beschäftigungsdauer mit TV und elektronischen Spielen, sowie ihrer Persönlichkeitseigenschaften zu Studienbeginn und 24 Monate später. Junge Kinder, die aktiver waren, verzeichneten einen stärkeren Rückgang der Introversion, eine geringere Abnahme der Beharrlichkeit und eine geringere Zunahme der Reaktivität, als Kinder die weniger aktiv waren. Ältere Kinder die aktiver waren, verzeichneten einen geringeren Anstieg der Introversion und eine stärkere Zunahme der Beharrlichkeit als die weniger aktiven Kinder. Darüber hinaus wiesen Kleinkinder, die außerschulischen Sport betrieben, eine größere intra-individuelle Stabilität der Persönlichkeit für Introversion auf. Diese Ergebnisse deuten darauf hin, dass ein aktiver Lebensstil Stabilität und Veränderung erwünschter Persönlichkeitsmerkmale während der Kindheit fördern kann. Weitere Studien zeigten anhand von Längsschnittdaten (N > 7500 Personen), dass körperlich-aktivere Personen nicht nur per se höhere Werte in Gewissenhaftigkeit, Extraversion, Offenheit und Verträglichkeit aufweisen, sondern diese auch im Verlauf des weiteren Lebens stabiler bleiben. Somit legen die Ergebnisse nahe, dass körperliche Aktivität dazu beitragen kann, die Persönlichkeitsstabilität nicht nur im Kindesalter, sondern entlang der Lebensspanne zu erhalten und maladaptive Persönlichkeitsveränderungen im Erwachsenen- und Seniorenalter zu verhindern (Stephan et al. 2014).

5.2   Selektionshypothese

Wie bereits erwähnt, ist das dominierende theoretische Modell das der Big Five Persönlichkeiteigenschaften. Der Einfluss der Big Five auf physische Aktivität und sportlichen Erfolg wurde lange Zeit als nicht vorhanden (Gabler 1976), gering oder als abhängig von der jeweiligen Eigenschaft eingestuft (z. B. positive Zusammenhänge zwischen physischer Aktivität und Extraversion und Gewissenhaftigkeit, jedoch keine zwischen physischer Aktivität und Offenheit; Rhodes und Smith 2006), was zeitweise zur Stagnation der Persönlichkeitsforschung im Sport geführt hat (vgl. Brand und Schweizer 2019). Neure Forschungsinitiativen scheinen die Grundannahme der Selektionshypothese jedoch wieder zu stärken.

Welchen Einfluss haben Persönlichkeitseigenschaften bzw. psychische Merkmale der Person auf den Sport bzw. die sportliche Leistungsfähigkeit?
Studienergebnisse weisen darauf hin, dass alle Big Five Dimensionen im Zusammenhang mit sowohl der Partizipation als auch dem Erfolg im Sport stehen. Demnach erzielen Athleten zum Beispiel in vier von fünf Persönlichkeitsdimensionen (Ausnahme Offenheit) höhere Werte als Nicht-Sportler, Athleten, die in ihrer Sportart am erfolgreichsten sind, höhere Werte als weniger erfolgreiche Athleten in den Dimensionen Verträglichkeit, Gewissenhaftigkeit und emotionale Stabilität und Einzelsportler höhere Werte in Offenheit als Mannschaftssportler (Steca et al. 2018). Weiterführend zeigen Ergebnisse eines Überblicksartikels, der eine inhaltliche Zuordnung der in Sportpsychologie-Journals veröffentlichten Artikeln zur Persönlichkeit vorgenommen hat, dass sich die Mehrzahl der in den Studien untersuchten Persönlichkeitseigenschaften den Facetten der Big Five zuordnen lassen (Laborde et al. 2019). Die prominentesten Überkategorien, die sich inhaltlich bilden ließen, waren negativer Affekt, Selbstvertrauen, Perfektionismus, Wettbewerbsorientierung und Selbstwert. So ließe sich die Kategorie Selbstvertrauen mit den erhobenen Persönlichkeitseigenschaften Sozialkompetenz, Selbstwirksamkeit, Wachstumsbedürfnis und Vertrauen in die eigene sportliche Kompetenz zum Beispiel der Gewissenhaftigkeit und ihrer Facette Kompetenzerleben zuschreiben. Die Kategorie Selbstwert mit den erhobenen Persönlichkeitseigenschaften: Suche nach Bestätigung, Eindrucksmanagement, öffentliches Selbstbewusstsein, Angst vor negativen Bewertungen, Sozialphobie, oder soziale Körperbauängste wiederum ließen sich dem Neurotizismus und seiner Facette der inneren Unsicherheit zuschreiben.

Folgt man der Vorstellung, dass vorhandene Persönlichkeitsfaktoren sportlichen Erfolg mitentscheiden, dann sind/wären sie konsequenterweise in der Talentauswahl und -förderung zu berücksichtigen (Hänsel et al. 2019). Unbestritten ist jedoch auch der Umstand der wechselseitigen Beeinflussung von Persönlichkeit und Sport und so findet seit den 90er Jahren die Interaktionshypothese verstärkt Berücksichtigung (Conzelmann 2009).

Besonders Fragen von Talentauswahl, Talentförderung und Talententwicklung haben die Persönlichkeitsforschung im Sport motiviert, sodass im folgenden Kapitel auf Fragen der Talentforschung näher eingegangen wird.

5.3 Talentmerkmale

In der entwicklungspsychologischen Betrachtung der Talentforschung (vgl. Abschn. 4.4.1) ist bereits die besondere Bedeutung der systematischen Talentsichtung und -förderung im Fußball angesprochen worden. Es war Matthias Sammer, der in seiner Zeit als Sportdirektor des DFB (2006–2012) forderte, dass der ganzheitlichen Persönlichkeitsentwicklung in der „DFB-Eliteförderung" mehr Bedeutung zukommen müsse. In der Folge wurden u. a. für die Bundesligisten Leistungszentren zur Talentförderung verpflichtend, in deren Bewertung durch die Deutsche Fußballliga (DFL) erstmalig auch das Angebot psychologischer Unterstützung eine Rolle spielte (Lobinger et al. 2009).

Was sind leistungsrelevante Persönlichkeitsmerkmale im Fußball?
Ein Review aus 2017 mit 43 Studien und Daten von insgesamt 14.977 Probanden konnte folgende psychologischen Talentmerkmale identifizieren: Selbstregulation, Resilienz, Selbstverpflichtung (engl. „commitment") und Disziplin (Gledhill et al. 2017). Ein groß angelegtes Talententwicklungsprogramm im deutschen Fußball (Feichtinger und Höner 2014; Höner und Feichtinger 2016) zeigte für Motivation, Volition, Selbstgesprächsregulation und Emotionsregulation erfolgversprechendere Werte für Spieler von überregionalen Auswahlmannschaften, verglichen mit Spielern, die nur an regionalen Stützpunkten trainierten. Auch wenn es Hinweise darauf gibt, dass die Persönlichkeitsmerkmale positiv mit sportlichem Erfolg korrelieren, besitzen die Verfahren nicht die Güte um etwa in der Talentauswahl eingesetzt werden zu können. Aus Sicht der Eignungsdiagnostik ist die Vorhersage von sportlichem Erfolg im Fußball jedoch allein schon durch fehlende Anforderungsprofile, insgesamt wenig belastbare Verfahren und die Komplexität und Dynamik der leistungsbestimmenden Faktoren und ihrer Wechselwirkung schwierig (vgl. Lobinger und Stoll 2019).

Interessant ist auch die Schwerpunktsetzung inhaltlich auf motivational-volitionale Faktoren und diagnostisch auf verschiedene Selbstauskunftsfragebögen bzw. spezifische Persönlichkeitsfragebögen. Erst in den zurückliegenden ca. 10 Jahren werden verstärkt auch Leistungstests eingesetzt, die perzeptiv-kognitive Faktoren erheben (vgl. Abschn. 2.1). Auch die systematische Erfassung von Trainereinschätzungen in Ergänzung zu den Daten aus Selbstauskunftsfragebögen (Musculus und Lobinger 2018) oder die Integration der Talentmerkmale aus dem technischen, taktischen, athletischen und psychologischen Bereich im Sinne eines umfassenden Talent-Assessments passiert noch zu selten.

Für die **Diagnostik von Persönlichkeitsmerkmalen** wird außerdem kritisch diskutiert, ob klassische, allgemeine Persönlichkeitsfragebögen und -tests spezifisch genug für den Kontext Sport sind und es überhaupt erlauben, Unterschiede zwischen Sportlern abzubilden. Daher zeichnen sich in der sportpsychologischen Forschung vermehrt Bestrebungen ab, sport-spezifische Testverfahren zu entwickeln und einzusetzen (z. B. Leistungsorientierung im Sport, engl. „sport orientation questionnaire"; Elbe 2004). Insgesamt ist die Persönlichkeitsforschung durch eine fast unüberschaubare Vielfalt von Merkmalen gekennzeichnet, deren Akzeptanz in der Wissenschaftsgemeinde (engl. „scientific community") auch davon abhängt, wieviel Begeisterung das Merkmal auslöst und welche Forschungsperspektiven sich dadurch ergeben (Weber und Rammsayer 2012). So hat beispielsweise die Emotionale Intelligenz in der Sportwissenschaft relativ viel Berücksichtigung erfahren (vgl. Laborde et al. 2016 für einen Forschungsüberblick und Laborde, Furley, Ackermann & Musculus 2017), auch wenn sie in der Mutterdisziplin ein durchaus umstrittenes Konstrukt ist.

Biologische Psychologie und Sportpsychologie

6

Die Biologische Psychologie erforscht die Zusammenhänge zwischen biologischen Prozessen und Verhalten. Dabei werden die Lebensprozesse aller Organe des Körpers, nicht nur des Gehirns, betrachtet (Birbaumer und Schmidt 2010). Die Biologische Psychologie untersucht diejenigen physiologischen Vorgänge, die für das Verständnis von Verhaltensleistungen von Bedeutung sind.

Die Biologische Psychologie ist ein relativ junges Grundlagenfach, das stark durch Entwicklung neurowissenschaftlicher Methoden, bildgebender Verfahren und biochemischer Analysen geprägt ist. Der Sport stellt als dynamischer Kontext besondere Herausforderungen an psychophysiologische Messmethoden und daher ein besonders spannendes Anwendungsfeld abseits klassischer biopsychologischer (Labor-)Forschung. Damit liegt der Fokus dieses letzten Grundlagen-Kapitels auf biopsychologischen Methoden und deren Anwendung auf sportpsychologische Fragestellungen.

Eine darüber hinausgehende, ausführliche Beschreibung aller Messmethoden findet sich in „Methoden der Bildgebung in der Psychologie und den kognitiven Neurowissenschaften" (Jäncke 2005).

Fragen

Verändern unterschiedliche Sportarten unsere Gehirnstruktur in spezifischer Art und Weise?

Erhöht die elektrische Stimulation bestimmter Hirnareale kognitive und motorische Leistung?

Wie unterscheiden sich mit EEG gemessene Hirnaktivität beim Putten von
Profi- und Nicht-Profi-Golfern?
Macht Testosteron Sportler nur aggressiver?

6.1   Magnet- und Elektroenzephalogramm

6.1.1   BOLD Signal – Magnetresonanztomographie

**Verändern unterschiedliche Sportarten unsere Gehirnstruktur in spezifischer
Art und Weise?**
Dass sich Sport positiv auf den Körper, sowie kognitive Prozesse und mentale
Zustände auswirkt, ist allgemein bekannt. Während eine Veränderung der körperlichen Fitness meist beobachtbar ist, bleiben Verbesserungen der psychischen Fitness
der bloßen Wahrnehmung verborgen. Um Veränderungen der (Psycho-)Physiologie
durch Sport sichtbar zu machen, bedarf es also spezieller Messmethoden. Eine der
nicht-invasiven Hirn-Messmethoden ist die Magnetresonanztomographie (MRT).
Unterschieden wird zwischen der funktionellen und der strukturellen MRT. Sie
unterscheiden sich hinsichtlich ihrer räumlichen und zeitlichen Auflösung, da sie auf
verschiedenen physikalischen Grundlagen beruhen. Bei der strukturellen MRT misst
man die sogenannte Relaxationszeit, welche sich je nach Gewebeart unterscheidet.
Da die verschiedenen Gewebearten (graue Substanz, weiße Substanz, Cerebrospi-
nalflüssigkeit) unterschiedliche Signale generieren, lassen sich die verschiedenen
Gewebearten sehr gut differenzieren und ermöglichen den Vergleich der Masse bzw.
des Volumens verschiedener Gehirnstrukturen mit relativ hoher räumlicher Auflösung. Nachteilig ist an den strukturellen Verfahren die zeitliche Auflösung. Bei der
funktionellen MRT wird der Sauerstoffgehalt des Bluts im Gehirn gemessen. Bei
erhöhter Gehirnaktivität erhöht sich die Menge des verbrauchten Sauerstoffs, die in
den jeweiligen Arealen visuell sichtbar wird (engl. „blood oxygenation level depen-
dent (BOLD) signal"). Dadurch eignet sich das Verfahren besonders zur Messung
der veränderten Gehirnaktivität bei reaktionsspezifischen Aufgaben. Die struktu-
relle MRT wird hingegen vor allem verwendet, um langfristige Entwicklungen der
Gehirnstrukturen zu untersuchen.
So konnten in der sportpsychologischen Forschung beispielsweise sportspezifische Effekte auf Gehirnstrukturen gezeigt werden: Bei Personen, die bis ins hohe
Alter getanzt haben, konnten langfristige Veränderungen des Volumens des Gyrus
parahippocampali nachgewiesen werden (Müller et al. 2016), welcher für die Weiterleitung eingehender Information an den Hippocampus zuständig ist. Die Erhöhung

des Volumens grauer Substanz wurde ebenfalls bei sportspezifisch erhöhter Aktivität der Hand- und Fußmotorik gezeigt. So verfügten beispielsweise Jongleure (Sampaio-Baptista et al. 2014) oder professionelle Handballspieler über vermehrt graue Substanz in dem Bereich des Gehirns, das mit der Handmotorik zusammenhängt. Balletttänzer wiederum verfügten über eine höhere Dichte der grauen Substanz in dem Bereich des Gehirns, der für die Fußmotorik zuständig ist (Meier et al. 2016).

6.1.2 Elektrische Signale – Transkranielle Gleichstromstimulation

Erhöht die elektrische Stimulation bestimmter Hirnareale kognitive und motorische Leistung?
Die Transkranielle Gleichstromstimulation (engl. „transcranial direct current stimulation", tDCS) besteht aus zwei Elektroden (einer Anode und einer Kathode), die an der Kopfoberfläche befestigt werden und durch einen Gleichstrom die elektrische Kommunikation der Neuronen beeinflussen. Durch die Position der Elektroden können bestimmte Gehirnareale gezielt aktiviert oder inhibiert werden. Neben gut dokumentierten Ergebnissen zur Linderung von Schmerzen und Depression (Brunoni et al. 2016) oder zur Steigerung kognitiver Leistungsfähigkeit (Steinberg et al. 2019; Ward et al. 2017), bietet die Gleichstromstimulation Sportlern die Möglichkeit der (psycho-)physiologischen Leistungssteigerung. Physiologisch steigerte sich in Studien nach der Anwendung der Gleichstromstimulation zum Beispiel die generelle Ausdauer eines Muskels (Cogiamanian et al. 2007), die Schultermuskulatur des Sportlers (Hazime et al. 2017) oder die Fahrradsprintleistung (Huang et al. 2019). Psychologische Effekte konnten im Sport ebenfalls gezeigt werden: Beispielsweise wurde in einer submaximalen Belastung beim Fahrradfahren die wahrgenommene Ermüdung durch tDCS moduliert (Okano et al. 2015). Darüber hinaus wurden positive Effekte auf Ausdauerleistung gezeigt (Angius et al. 2018; Edwards et al. 2017). Es sollte jedoch bedacht werden, dass die Wirkung der Stimulation zeitlich sehr begrenzt zu sein scheint. Studien berichten in diesem Zusammenhang von einer Dauer von bis zu 60 min, in der nach der Stimulation ein Leistungsunterschied zwischen Experimental- und Placebogruppe gemessen werden konnte. Gleichzeitig betonen Kritiker, dass die Verwendung des tDCS Doping gleichzustellen ist. Daher sollten kurz- und langfristige Effekte, sowie Konsequenzen auf die sportliche Leistungsfähigkeit in zukünftigen Studien gründlich untersucht werden und die Anwendung in der Sportpraxis auch unter ethischen Gesichtspunkten mit Bedacht

stattfinden und sorgsam abgewogen werden. Vertretbare Anwendungen wären zum Beispiel die Behandlung neurologisch verursachter Bewegungsstörungen wie der Fokalen Dystonie (Quartarone et al. 2017).

6.1.3 Elektrische Signale – Elektroenzephalograph (EEG)

Wie unterscheiden sich mit EEG gemessene Hirnaktivität beim Putten von Profi- und Nicht-Profi-Golfern?
Bei der **Elektroenzephalographie (EEG)** wird die elektrische Kommunikation der Neuronen erfasst. Die Weiterleitung von Informationen findet auf neuronaler Ebene durch Aktionspotenziale statt. Diese entstehen, sobald das Neuron eine Grenze der elektrischen Erregung überschritten hat und sind im EEG als elektrische Potenziale sichtbar. Das EEG zeichnet sich durch eine sehr hohe zeitliche Auflösung aus, durch die es möglich ist, den genauen Zeitpunkt der neuronalen Reaktion zu bestimmen. Nicht messbar ist mit dieser Methode jedoch das exakte Areal in dem die Erregung zustande kommt. Zur Messung werden Elektroden an der Kopfoberfläche befestigt, die unterschiedliche Gehirnströme (alpha, beta…) abbilden und so z. B. erkennen lassen, ob man eine korrekte oder falsche Reaktion auf einen Stimulus gezeigt hat. Begeht man einen Fehler, so lässt sich an den frontozentralen Positionen eine Negativierung (engl. „error negativity") ca. 60–100 ms nach einer Handlung (z. B. Tastendruck) beobachten (Hoffmann und Falkenstein 2012). Demnach lassen sich mithilfe des EEG, vor allem des mobilen EEG, nicht nur die schnellen Ausführungen sensorischer, kognitiver und motorischer Prozesse während sportlicher Aktivität darstellen, sondern auch die für sportliche Leistung kritischen neuronalen Mechanismen identifizieren (Park et al. 2015).

Zu den wichtigen Erkenntnissen der neuropsychologischen Laborforschung in der Sportpsychologie zählt, dass Experten im Gegensatz zu Novizen eine erhöhte **neuronale Effizienz** aufweisen. So zeigten Experten-Novizen-Vergleiche, dass bei Sportlern Veränderungen der alpha-Ströme in Regionen auftreten, die mit der kognitiv-motorischen Leistung in Verbindung stehen. Diese sind assoziiert mit Veränderungen der alpha-Ströme in jenen Nervenzellen, die auf das Training und den Erwerb von Fachwissen reagieren. Darüber hinaus konnte bei Fecht- und Karateathleten gezeigt werden, dass Sportler im Vergleich zu Nicht-Sportlern während bzw. bei der Vorbereitung simpler motorischer Aufgaben (z. B. Ein-Fuß-Stand, Handgelenksextension) eine verminderte Alpha-ERD (ereigniskorrelierte Desynchronisierung; engl. „event-related desynchronization", ERD) über dem primären

motorischen Kortex aufweisen (Del Percio et al. 2010). Dies deutet auf eine Auto-
matisierung der motorischen Handlung hin, wodurch weniger neuronale Ressourcen
beansprucht werden.

Empirische Befunde, die Aussagen über die Hirnaktivität während der Ausführung komplexer motorischer Aufgaben erlauben, beschränken sich derzeit meistens
auf weniger dynamische und weniger bewegungsintensive Sportarten wie Bogenschießen, Golf und Schießen, da dort Messartefakte im Kopfbereich minimiert
werden können. Aber auch hier findet man konsistent leistungsbezogene Unterschiede in der Alpha-Aktivität. In einer beispielhaften Studie im Golf wurde die
Leistung von Experten und Novizen beim Putten verglichen (Baumeister et al.
2008). Die Forscher ließen Probanden über 5 Sitzungen von jeweils 4 min Bälle
auf ein Ziel in 3 m Entfernung putten. Die Leistung der Experten war insgesamt
besser und wurde mit einem Anstieg der oberen Alpha-Aktivität an den Parietal-
elektroden sowie mit einem Anstieg der Theta-Aktivität an den Frontalelektroden in
Verbindung gebracht. Während der Anstieg der frontalen Theta-Aktivität als Indiz
für eine konzentriertere Aufmerksamkeit bei Experten interpretiert wurde, wurde der
Anstieg der parietalen Alpha-Aktivität als Ausdruck besserer Hemmung irrelevanter
sensorischer Informationen gedeutet.

Neben der Erforschung neuronaler Korrelate, kann das EEG auch als neue Trai-
ningsmethode genutzt zu werden. **Neurofeedback** ist zum Beispiel eine Konditio-
nierungstechnik, die es Sportlern ermöglicht ihre neuronale Aktivität zu modifizieren, indem sie erlernen spezifische Zustände zu erkennen, die mit gewünschten Ver-
haltensergebnissen verbunden sind. In einem typischen Neurofeedback-Paradigma
sehen Teilnehmer kontinuierlich die visuell-veranschaulichte Darstellung ihrer
Hirnaktivität und lernen dadurch im Laufe der Zeit wie ihr innerer, psychologischer Zustand mit dem neuronalen Signal korreliert. So können sie im nächsten
Kontrolle über den Eintritt und die Aufrechterhaltung bestimmter Zustände erlan-
gen und ausüben. Möchte man einem Sportler beispielsweise beibringen, sich in
einen Entspannungszustand zu versetzen oder diesen aufrecht zu erhalten, sollte
das Theta-Niveau über das Alpha-Niveau angehoben werden. Auch wenn wenige
Studien signifikante Effekte von Neurofeedback zeigen (siehe Park et al. 2015), ist
die systematische Wirkung von Neurofeedback generell und auch unterschiedliche
Feedbackprotokolle zur gezielten Beeinflussung sportlicher Leistung bis dato noch
weitgehend unerforscht.

6.1.4   Elektrische Signale – Elektrokardiogramm (EKG)

Das **Elektrokardiogramm** (EKG) basiert ähnlich wie das EEG auf elektrischer Aktivität und ist das zentrale Diagnoseverfahren zur Messung der Aktivität aller Herzmuskelfasern. Es erlaubt Aussagen über Vorhoftätigkeit, das Vorliegen eines akuten oder zurückliegenden Herzinfarkts, Hypertrophie, Rechts-/Linksbelastung der Herzkammern, sowie Herzfrequenz und Herzrhythmus. Während die Herzfrequenz die Anzahl der Herzschläge pro Minute abbildet, gibt die Herzratenvariabilität die natürliche Variation der Zeitabstände zwischen zwei Herzschlägen wieder (R-R-Intervall) (siehe Laborde et al. 2017 für eine ausführliche Darstellung). Die zwei Variablen stehen demnach in einem inversen Verhältnis zueinander: Steigt die Herzfrequenz, so reduzieren sich die Abstände zwischen zwei Schlägen. Die Herzratenvariabilität gilt als non-invasiver Marker der Aktivität des parasympathischen Systems, vor allem der Vagusnervaktivität, da sie je nach Atmungskontrolle, hormonellen Reaktionen, Stoffwechselvorgängen, physischer Aktivität, Bewegung, Erholung, Stress oder emotionaler Reaktion variiert (Laborde et al. 2017). Die unterschiedlichen Abstände zwischen den Herzschlägen können also unter anderem Aufschluss über temporäre Erregungs- und Stresszustände geben. Unter Anspannung verringert sich die Variabilität und die Schläge werden regelmäßig.

Im Sport kann die Messung der HRV genutzt werden, um den Zustand von Personen vor, während und nach der sportlichen Aktivität und vor allem dem sportlichen Wettkampf zu messen. Direkt vor einem Wettkampf kann die HRV als Indikator für Ent- bzw. Anspannung gewertet werden. Exemplarische Studien, die die HRV vor einem Schwimmwettkampf gemessen haben (Cervantes Blásquez et al. 2009), zeigen, dass bei den Athleten die vagale Aktivität vor dem Wettkampf sank. Dies ist mit erhöhter Anspannung gleichzusetzen. Während der Ausführung einer sportlichen Aufgabe zeigte sich bei erfahrenen Golfern hingegen eine höhere Herzratenvariabilität, die auf höhere Entspannung hinweist und u. a. auf geringere Beanspruchung der Aufmerksamkeitsressourcen zurückzuführen ist (Finkenzeller et al. 2012; Neumann und Thomas 2009).

Ähnlich wie beim Neurofeedback, bietet Herzratenvariabilität-**Biofeedback** die Möglichkeit zur selbstgesteuerten Regulierung, vorrangig mittels langsamer Atmung auf Resonanzfrequenz von 4–6,5 Atemzügen pro Minute (Pagaduan et al. 2020). Im Kontext Sport zeigen erste Studien mit HRV Biofeedback bei Ringern Verbesserungen bei Störungen der Muskelrelaxationsfähigkeit und genereller Entspannungsfähigkeit (Vaschillo et al. 1998). Bezogen auf sportliche Leistung sind die Ergebnisse bis dato nicht eindeutig. Pagaduan et al. (2020) verglichen in ihrem systematischen Review sechs Studien, die jeweils eine Gruppe mit normalen

Trainingsbedingungen und eine Gruppe mit kombiniertem Training (sportbezogen und Biofeedback) enthielten. Sie berichten divergierende Ergebnisse für das Training von fein- und grobmotorischen Fähigkeiten, sowohl für kurze als auch für längere Ausführungsdauer (>10 min). Während sich das Zuspiel von Basketballspielern, die zuvor ein kombiniertes Training absolviert hatten, verbesserte, unterschied sich ihr Dribbling nicht von dem der Kontrollgruppe. Weiterhin ließen sich keine Unterschiede zwischen Leistungen verschiedener Tanzgruppen oder Läuferinnen der 5 km-Distanz verzeichnen. Bei feinmotorischen Aufgaben zeichnete sich zum Teil eine Verbesserung der Reaktionszeiten ab, jedoch existieren auch hier gegenläufige Befunde. Die unterschiedlichen Ergebnisse führen die Autoren größtenteils auf zu geringe Stichprobengrößen und entsprechend geringe statistische Power, sowie schlechte Generalisierbarkeit zwischen den Sportarten und Unterschiedlichkeit der Athletinnen zurück.

6.2 Analysen des Bewegungsapparates

6.2.1 Muskelkraft – EMG

Kann Yips im Golf mithilfe vom EMG erkannt werden?
Die Anwendungen nicht-invasiver **Elektromyographie** (EMG) sind in der Sportwissenschaft in den letzten zehn Jahren immer häufiger und vielfältiger geworden (Merletti und Muceli 2019), unter anderem weil die Entwicklung drahtloser Systeme eine flexiblere EMG-Nutzung in Studien erlaubt. EMG zeichnet die elektrische Muskelaktivität auf. Dazu werden zwei Elektroden auf der Haut über dem Muskel angebracht, dessen Aktivität von Interesse ist. Ausgegeben wird ein analoges Signal, das die zwischen den beiden Elektroden festgestellte elektrische Spannung beschreibt. Mithilfe dieses Signals kann die Muskelaktivität bei ausgesuchten Bewegungen bestimmt werden (Merletti und Muceli 2019). Weiterhin beeinflussen die Größe des Muskels, die Verteilung der motorischen Einheiten innerhalb des Muskels und die Art der untersuchten Kontraktion (z. B. konzentrisch, isometrisch, exzentrisch) die EMG-Reaktionen. Sportpsychologische Forschung setzt das EMG vor allem ein, um mittels aufgezeichneter Muskelaktivität Rückschlüsse auf Mechanismen der Bewegungssteuerung und -kontrolle ziehen zu können. Für Golfer, die an Yips litten (Klämpfl et al. 2013a; vgl. Abschn. 2.2.1), konnte ebenso wie für Patienten mit Schreibkrampf eine erhöhte Aktivierung der Unterarmmuskulatur gezeigt werden, die mit einer erhöhten Griffstärke (engl. „grip force") beim Halten des Schlägers bzw. Stifts einherging (Adler et al. 2005). Diese Information ist u. a. deshalb von Interesse, da beim Auftreten einer Bewegungsstörung wie etwa dem Yips

im Golf die spontane Reaktion den Schläger noch fester zu halten, um ihn besser kontrollieren zu können, den Yips letztlich als Teufelskreis verstärken kann (vgl. Marquart 2009).

6.2.2 Motorik – Kinematische Analysen, Ganganalysen, Greifen

Kinematische Analysen, die vor allem auch in der Biomechanik genutzt werden, dienen dazu die Bewegungsqualität zu beschreiben. Als Goldstandard zur Beschreibung und Analyse von Bewegungen gelten bis heute marker-basierte Systeme. Bei diesen Systemen (z. B. Vicon oder Qualisis) werden Markersets, d. h. kleine reflektierende Kugeln, auf die Haut und speziell Gelenkpunkte einer Person geklebt. Kameras verfolgen durch signal-emittierende oder passive Marker die Bewegung einer Person, berechnen mittels Triangulation die Position der Marker in 3D und zeichnen den räumlich-zeitlichen Verlauf der Bewegung auf, um anschließend Bewegungsqualität quantifizieren zu können. Kinematische Ganganalysen werden z. B. eingesetzt, um das Gangbild im Alterungsprozess zu untersuchen und pathologische bzw. riskante Muster identifizieren zu können. Dadurch können entsprechende kompensatorische Trainingsmaßnahmen abgeleitet und einer Sturzgefährdung vorgebeugt werden (Runge 1998).

Während kinematische Maße – wie in der beispielhaften Studie zum Yips – in der Sportpsychologie hauptsächlich zur Beschreibung und Analyse von (komplexen) Bewegungen genutzt werden, gibt es auch Wahrnehmungsstudien, welche die schematischen Videos, in denen man lediglich die Gelenkmarker als leuchtende Punkte sieht (engl. „Point Light Displays"), präsentieren. Mithilfe dieser sehr individuellen und charakteristischen Point-Light Displays konnte z. B. gezeigt werden, dass Basketball-Experten ihre eigenen Bewegungen und die von Mannschaftskameraden schneller und korrekter zuordnen konnten als die Videos von fremden Basketballspielern des gleichen Niveaus (Hohmann et al. 2011).

6.3 Hormonanalysen

Die Übermittlung der elektrischen Signale vom Gehirn über das zentrale Nervensystem an die Zellen führt im Körper zu einer Senkung oder Erhöhung wichtiger Botenstoffe: der **Hormone.** Das Hormonsystem besteht aus der Epiphyse, Hypophyse, Thyrodea (Schilddrüse), Parathyreoideae (Nebenschilddrüsen), Pankreas, Glandulae suprarenales (Nebennieren), sowie den weiblichen Eierstöcken oder männlichen Hoden. Durch eine erhöhte oder gesenkte Konzentration des jeweiligen Hormons werden insbesondere folgende Körperfunktionen geregelt: Atmung, Kreislauf, Stoffwechsel, Körpertemperatur, Wachstum, Fortpflanzung, geschlechtliche Entwicklung, Mineral- und Wasserhaushalt, Altern, sowie das Verhalten und die Psychische Verfassung. Die hormonelle Informationsübermittlung ist jedoch deutlich langsamer als die Informationsübermittlung durch elektrische Signale.

Eines der am meisten untersuchten Hormone im Sport ist das **Kortisol,** das sich wie Adrenalin, Noradrenalin und Dopamin bei gesteigertem Stressempfinden und physikalischer Anstrengung erhöht und eine Anpassungsreaktion an (kurzfristige) Belastungssituationen darstellt. Für Leistungssportler ist ein positiver Umgang mit Stressoren eines Wettkampfs (Publikum, Unsicherheit, Anstrengung, körperliche Schädigung etc.) notwendig, um die Entwicklung negativer Gefühlszustände zu vermeiden (Lautenbach et al. 2014). Negative Emotionen lösen eine biologische Stressreaktion aus, die zur Aktivierung des sympathischen Nervensystems und der Hypothalamus-Hypophysen-Nebennieren-Achse (HPA) führt und Kortisol ausschüttet, das im Speichel messbar ist. Studien weisen vermehrt auf einen umgekehrt-U-förmigen Zusammenhang zwischen Kortisol und sportlicher Leistung bei der Vorbereitung auf Wettkämpfe hin. So lässt sich ein starker Anstieg des Kortisolspiegels in Antizipation auf einen bevorstehenden Wettkampf verzeichnen (vgl. Lautenbach und Lobinger 2018). Solch ein antizipativer Kortisolanstieg ist wichtig, um sich auf die psychologischen und physiologischen Anforderungen des Wettkampfes vorzubereiten, und ermöglicht während des Wettkampfes den Einsatz kognitiver Prozesse mittels Aktivierung und Deaktivierung des präfrontalen Kortex und der Amygdala. Laborstudien weisen außerdem darauf hin, dass eine moderate Erhöhung des Kortisolspiegels die Inhibition aufgabenirrelevanter und aversiver Stimuli vereinfacht, was sportliche Leistung in Gegenwart bedrohlicher Wettkampfreize erleichtern kann. Im Gegensatz dazu ist ein zu hoher Kortisolspiegel mit der verminderten Inhibitionsfähigkeit irrelevanter Reize verbunden, was zu Ablenkung und damit Schwächung der sportlichen Leistungsfähigkeit führen würde (van Paridon et al. 2017). In einer beispielhaften Studie wurde der Zusammenhang von Kortisol und der Aufschlagleistung im Tennis untersucht. Die Ergebnisse zeigen, dass ein Anstieg des Kortisol mit einem Abfall der Aufschlagleistung korreliert war und ca. 20 % der Aufschlagleistung erklären konnte (Lautenbach et al. 2014).

Ob Sport generell mit einem erhöhten oder gesenkten Kortisolspiegel zusammenhängt, lässt sich nicht abschließend beantworten. Unterschiedliche Studienergebnisse sind abhängig von der untersuchten Sportart, dem Zeitpunkt der sportartspezifischen Saison, der Art der Umweltstimuli, Geschlecht der Athleten, sowie

den Unterschieden in den Forschungsdesigns (akut vs. chronisch, sowie Blut-
, Speichel- oder Urinproben). Einige Studien weisen darauf hin, dass Athleten
im Gegensatz zu Freizeitsportlern oder inaktiven Personen besser auf physische
und/oder psychische Stimulationen reagieren und deshalb eine generell höhere
Kortisolfreisetzung aufweisen, die ihnen in herausfordernden Situationen eine
schnellere Anpassungsreaktion ermöglicht (Moreira et al. 2012, 2013).

Macht Testosteron Sportler nur aggressiver?
Auf Ebene der physischen Leistungssteigerung wird vor allem dem Hormon Testosteron eine große Rolle zugeschrieben. Eine erhöhte Testosteronkonzentration steht
in Zusammenhang mit erhöhter Muskelkraft (Wang et al. 2000), einer verbesserten
(Kraft-)Ausdauer (z. B. Treppensteigen oder Rennradfahren), sowie einer erhöhten Muskelmasse (Storer et al. 2017) und reduzierten Fettmasse (Sattler et al.
2009). Ergebnisse einer Studie mit professionellen Hochspringern von Cardinale
und Stone (2006) zeigten, dass der Testosteronwert von Frauen in Ruhebedingun-
gen 90 % niedriger, und der vertikale Sprung durchschnittlich 16 % geringer war
als bei den Männern. Rechnete man bei der Ermittlung der Stärke des Unterkörpers
jedoch die fettfreie Masse und das Körpergewicht heraus, zeigte sich, dass Män-
ner und Frauen ungefähr gleich stark waren und bei beiden ein Zusammenhang
zwischen Testosteron-Level und der Fähigkeit zum vertikalen Sprung bestand. Dies
untermauert, dass Testosteron eine wichtige Rolle bei neuromuskulären Funktionen,
besonders Kraftbewegungen, spielt. Im Zuge dessen sei genannt, dass die International Association of Athletics Federations (IAAF) im Jahr 2018 eine neue Obergrenze
für die Testosteronkonzentration von Frauen eingeführt hat. Athletinnen, die bei
Wettkämpfen eine Strecke zwischen 800 m und einer Meile zurücklegen, dürfen
diese Grenze nicht überschreiten, oder werden verpflichtet während der Wettkämpfe
Medikamente einzunehmen, die den Testosteronspiegel senken. Der Richtwert existiert jedoch nur für Frauen und bestimmte Streckenlängen, sodass diese Regel jüngst
als diskriminierend beanstandet wurde. Außerdem kritisieren Forscher, dass ein
hoher Testosteronwert allein nicht die Performanz determiniert und andere biologische, psychologische und soziale Faktoren maßgeblich an ihn Einfluss auf die
Leistungsfähigkeit nehmen (Schultz 2019). Handelsman, Hirschberg und Bermon
(2018) empfehlen, dass ein Eignungskriterium für weibliche Sportwettkämpfe ein
zirkulierendes Testosteron von < 5,0 nmol/L sein kann, da dies alle Frauen (mit Ausnahme von a) Frauen mit unbehandelten hyperandrogenen Störungen der sexuellen
Entwicklung, b) nicht konformen männlichen-zu-weiblichen Transgendern, und c)
testosteronbehandelten weiblichen-zu-männlichen Transgendern) einschließt. Welche Konsequenzen das für eine Sportart, aber vor allem auch für die Betroffenen
hat, zeigt das Beispiel der Mittelstreckenläuferin Caster Semenya.

Auf Ebene der psychologischen Effekte von Testosteron ist hohe Konzentration mit erhöhter Trainingsmotivation und wahrgenommenen Leistungsfähigkeit (Cook et al. 2013; Meinhardt et al. 2008), jedoch auch mit erhöhter Aggressivität in Verbindung gebracht worden. Eine Vielzahl der Studien legt jedoch Placebo-Effekte nahe. Athleten, die glauben, aktiv mit Testosteron oder anderen Wachstumshormonen behandelt zu werden, erleben häufig nicht nur eine wahrgenommene Leistungsverbesserung, sondern steigern auch die körperliche Leistungsfähigkeit. Diese Placebowirkung ist bei Athleten meist größer als bei Athletinnen. Darüber hinaus zeigen einige Doppelblind-Studien aber auch, dass die Placebo-Effekte gleichermaßen zwischen Athleten und Nicht-Sportlern auftreten. So zeigten Probanden der Placebo-Gruppen nach ein- oder mehrwöchigen Interventionen höhere Werte auf Skalen der selbstinduzierten Wut, Irritation, Impulsivität oder Frustration, unabhängig davon, ob sie aktive Sportler waren oder nicht (Vanberg und Atar 2010). Schwierig ist jedoch auf Kausalität zu schließen, denn im Sinne des klassischen „Henne-Ei"-Problems ist es sowohl möglich, dass Personen mit höherem Testosteronwert eher Kampfsport betreiben, oder dass Kampfsporttreiben zu einem steigenden Testosteronlevel führt.

Ebenfalls in Verbindung zur Leistungssteigerung steht Oxytocin. Dieses Bindungshormon stärkt nicht nur die Bindung zwischen Mutter und Kind, sondern begünstigt auch die Reduktion von Angst und Stress, der Förderung des allgemeinen Wohlbefindens und der Steigerung kognitiver Empathie bzw. der sozialen Kompetenz. Einzelne Studien fanden in diesem Zusammenhang positive Effekte erhöhten Oxytocins, die für Mannschaftssport relevant sein könnten, wie beispielsweise eine verstärkte Tendenz zu altruistischen Handlungen und eine verbesserte soziale Wahrnehmung (Pepping und Timmermans 2012). Oxytocin wurde außerdem mit dem Rückgang von negativen Emotionen gegenüber den Teilnehmern anderer Gruppen in Verbindung gebracht (Schiller et al. 2020) und kann somit einen positiven Einfluss auf die Fairness im Mannschaftssport haben.

Abschließen möchten wir dieses Kapitel, in dem wir einen Überblick über verschiedene psychophysiologische Methoden gegeben haben, mit einem Blick in die Zukunft: Zukünftig sollten im Sinne eines Multi-Methoden Ansatzes verschiedene psychophysiologische Methoden integriert und Studien mit multivariaten und dynamischen statistischen Methoden ausgewertet werden, um die Komplexität von Verhalten und Erleben im Sportkontext abbilden zu können (vgl. Hofmann et al. 2018).

Schlussbetrachtungen 7

Dieses Buch hat es sich zur Aufgabe gemacht, einen leicht verständlichen und prägnanten, zugleich aber auch möglichst umfassenden Überblick zu geben, also eine kurzweilige und spannende Reise durch die Sportpsychologie in Forschung und Anwendung zu ermöglichen. Ausgangspunkt dieser Reise waren die fünf Grundlagenfächer der Mutterdisziplin Psychologie: Allgemeine Psychologie, Sozialpsychologie, Entwicklungspsychologie, Differentielle Psychologie und Biologische Psychologie. Unter diesen Oberthemen wurden zahlreiche Phänomene, Fragestellungen und Forschungsergebnisse der Sportpsychologie berichtet. Embodiment, Entscheidungsverhalten von Experten, Bewegungsstörungen oder Talentforschung sind nur ein paar Beispiele für die Spezifik und Praxisrelevanz der behandelten sportpsychologischen Themen.

Die Orientierung an der Psychologie sollte nicht darüber hinwegtäuschen, dass die Sportpsychologie mehr ist als eine Angewandte Psychologie im Sport. Nitsch hat bereits 1975 deutlich gemacht, dass sportliches Handeln nicht nur ein „in bestimmten Lebensbereichen interessanter Spezialfall menschlichen Handelns" ist, sondern durchaus Modellcharakter für Handeln generell besitzt (S. 77). Vor allem in jüngster Zeit entwickeln sich durchaus originär sportpsychologische, integrative Konzepte, wie Motor Heuristics (Raab 2017) oder Embodied Choices (Raab 2021). Das Kapitel zur Biologischen Psychologie hat außerdem gezeigt, dass menschliches Verhalten in seiner Komplexität am ehesten durch Multi-Konzept Ansätze abgebildet und vor allem durch die Kombination verschiedener Methoden erfasst werden kann.

Einige Themen hat dieses Buch ausgelassen. Dazu gehört zum Beispiel auch die Kulturelle bzw. Kulturvergleichende Sportpsychologie (engl. „cultural sport psychology"; Moran und Toner 2017), die neben Fragen von Diversität im Sport vor allem auch einen kritischen Standpunkt zu marginalisierten Themen und Identitäten einnimmt. Die Sportpsychologie stellt sich zudem auch relevanten

B. Lobinger et al., *Sportpsychologie, Was ist eigentlich …?*,
https://doi.org/10.1007/978-3-662-63043-3_7

Themen wie Doping (Dreiskämper et al. 2016), Sportsucht (Knobloch et al. 2000) oder Essstörungen (Hitzschke und Scheuermann 2019). Dies sind Themen, die sich der Klinischen Sportpsychologie zuordnen lassen und in der Sportpsychologie im Leistungssport ebenso Berücksichtigung finden wie die Bekämpfung sexualisierter Gewalt im Sport (Ohlert und Schröer 2019). Anlaufstellen für Betroffene finden sich beispielsweise auch im Wegweiser Sportpsychologie im Leistungssport (DOSB 2018 oder unter mentalgestaerkt.de). Insbesondere der Leistungssport stellt ein Berufsfeld dar, in dem sich spezifische berufsethische Fragen und Herausforderungen stellen (vgl. Hermann 2019; Lobinger et al. 2020). Ethische Richtlinien für sportpsychologische Forschung und Praxis erfahren derzeit erneut Aufmerksamkeit und werden zukünftig hoffentlich zu weiterer Professionalisierung und Verantwortungsbereitschaft im Berufsfeld beitragen.

Das Berufsfeld der Psychologie ist derzeit auch durch die Novellierung des Psychotherapeutengesetzes in Bewegung und man muss abwarten, wie sich das Studium der Psychologie entwickelt. Für die Sportpsychologie stimmt optimistisch, dass es sowohl im Leistungssport etwa mit Esports (für eine kontroverse Diskussion zur Frage ob es sich überhaupt um Sport handelt siehe Willimzcik 2019) oder innerhalb von Verbänden, als auch im Gesundheits-, Freizeit- (Hackfort 2000), Rehabilitations- (Knobloch 2001) und Behindertensport noch Bedarf an sportpsychologischen Dienstleistungen gibt. Neben diesen Berufsfeldern ist sportpsychologisches Knowhow auch für andere Zielgruppen oder als Zusatzqualifikation für Klinische Psychologen oder Wirtschaftspsychologen von Interesse. Wir blicken also durchaus optimistisch in die Zukunft der Sportpsychologie und hoffen, dass der ein oder andere Leser oder die ein oder andere Leserin sich von der Sportpsychologie hat begeistern lassen und mithilft, sie aus ihrem Dornröschenschlaf zu erwecken.

Literatur

Adolph, K. E., & Hoch, J. E. (2019). Motor development: Embodied, embedded, enculturated, and enabling. *Annual Review of Psychology, 176*(12), 139–148.

Alfermann, D., & Stoll, O. (2012). *Sportpsychologie – Ein Lehrbuch in 12 Lektionen.* Sportwissenschaft studieren, Bd. 4. Aachen: Meyer & Meyer.

Alfermann, D., Würth, S., & Saborowski, C. (2002). Soziale Einflüsse auf die Karriereentwicklung im Jugendleistungssport: Die Bedeutung von Eltern und Trainern. *Psychologie und Sport, 9*(2), 50–61.

Allen, M. S., Robson, D. A., Martin, L. J., & Laborde, S. (2020). Systematic review and meta-analysis of self-serving attribution biases in the competitive context of organized sport. *Personality and Social Psychology Bulletin, 46*(7), 1027–1043.

Allen, M. S., Vella, S. A., & Laborde, S. (2015). Sport participation, screen time, and personality trait development during childhood. *British Journal of Developmental Psychology, 33*(3), 375–390.

Altenmüller, E., Ioannou, C. I., Raab, M., & Lobinger, B. H. (2014). Apollo's curse: Causes and cures of motor failures in musicians: A proposal for a new classification. *Advances in Experimental Medicine and Biology, 826*, 161–178.

Angius, L., Mauger, A. R., Hopker, J., Pascual-Leone, A., Santarnecchi, E., & Marcora, S. M. (2018). Bilateral extracephalic transcranial direct current stimulation improves endurance performance in healthy individuals. *Brain Stimulation, 11*(1), 108–117.

Arthur, C. A., Woodman, T., Ong, C. W., Hardy, L., & Ntoumanis, N. (2011). The role of athlete narcissism in moderating the relationship between coaches' transformational leader behaviors and athlete motivation. *Journal of Sport and Exercise Psychology, 33*(1), 3–19.

Asendorpf, J. B. (2011). *Persönlichkeitspsychologie.* Berlin/Heidelberg: Springer.

Baltes, P. B. (1987). Theoretical propositions of life-span developmental psychology: On the dynamics between growth and decline. *Developmental Psychology, 23*, 611–626.

Barsalou, L. W. (2008). Grounded cognition. *Annual Review of Psychology, 59*(1), 617–645.

Bar-Eli, M., & Tractinsky, N. (2000). Criticality of game situations and decision making in basketball: An application of performance crisis perspective. *Psychology of Sport and Exercise, 1*, 27–39.

Bar-Eli, M., Plessner, H., & Raab, M. (2011). *Judgement, decision making and success in sport.* Wiley.

© Springer-Verlag GmbH Deutschland, ein Teil von Springer Nature 2021   89
B. Lobinger et al., *Sportpsychologie*, Was ist eigentlich …?,
https://doi.org/10.1007/978-3-662-63043-3

Barg, C. J., Latimer, A. E., Pomery, E. A., Rivers, S. E., Rench, T. A., Prapavessis, H., & Salovey, P. (2012). Examining predictors of physical activity among inactive middle-aged women: An application of the health action process approach. *Psychology & Health, 27*(7), 829–845.

Barsade, S. G. (2002). The ripple effect: Emotional contagion and its influence on group behavior. *Administrative Science Quarterly, 47*(4), 644–675.

Baumeister, J., Reinecke, K., Liesen, H., & Weiss, M. (2008). Cortical activity of skilled performance in a complex sports related motor task. *European Journal of Applied Physiology, 104*(4), 625–631.

Becker, A. J. (2009). It's not what they do, it's how they do it: Athlete experiences of great coaching. *International Journal of Sports Science & Coaching, 4*(1), 93–119.

Becker, K., & Smith, P. J. (2013). Age, task complexity, and sex as potential moderators of attentional focus effects. *Perceptual and Motor Skills, 117*(1), 130–144.

Beilock, S. L., & Carr, T. H. (2002). On the fragility of skilled performance: What governs choking under pressure? *Journal of Experimental Psychology General, 130*(4), 701–725.

Beilock, S. L., Carr, T. H., MacMahon, C., & Starkes, J. L. (2002). When paying attention becomes counterproductive: Impact of divided versus skill-focused attention on novice and experienced performance of sensorimotor skills. *Journal of Experimental Psychology, 8*, 6–16.

Belling, P. K., Suss, J., & Ward, P. (2015). Advancing theory and application of cognitive research in sport: Using representative tasks to explain and predict skilled anticipation, decision-making, and option-generation behavior. *Psychology of Sport and Exercise, 16*(1), 45–59.

Berger, J., & Pope, D. (2011). Can losing lead to winning? *Management Science, 57*(5), 817–827.

Blondell, S. J., Hammersley-Mather, R., & Veerman, J. L. (2014). Does physical activity prevent cognitive decline and dementia?: A systematic review and meta-analysis of longitudinal studies. *BMC Public Health, 14*(1), 1–12.

Brand, R. (2010). *Sportpsychologie.* Berlin/Heidelberg: Springer

Brand, R., & Antoniewicz, F. (2016). Affective evaluations of exercising: The role of automatic-reflective evaluation discrepancy. *Journal of Sport and Exercise Psychology, 38*(6), 631–638.

Brand, R., Ehrlenspiel, F., & Graf, K. (2009). *Wettkampf-Angst-Inventar (WAI): Manual zur komprehensiven Eingangsdiagnostik von Wettkampfangst, Wettkampfängstlichkeit und Angstbewältigungsmodus im Sport.* Sportverlag Strauß.

Brand, R., & Schweizer, G. (2019). *Sportpsychologie – Verständnisgrundlagen für mehr Durchblick im Fach* (2. Aufl.). Berlin/Heidelberg: Springer.

Brandstätter, V., Schuler, J., Puca, R. M., & Lozo, L. (2018). *Motivation und Emotion – Allgemeine Psychologie für Bachelor* (2. Aufl.). Berlin/Heidelberg: Springer.

Brouziyne, M., & Molinaro, C. (2005). Mental imagery combined with physical practice of approach shots for golf beginners. *Perceptual and Motor skills, 101*(1), 203–211.

Brunoni, A. R., Moffa, A. H., Fregni, F., Palm, U., Padberg, F., Blumberger, D. M., Daskalakis, Z. J., Bennabi, D., Haffen, E., Alonzo, A., & Loo, C. K. (2016). Transcranial direct current stimulation for acute major depressive episodes: Meta-analysis of individual patient data. *The British Journal of Psychiatry, 208*(6), 522–531.

Buman, M. P., Hekler, E. B., Haskell, W. L., Pruitt, L., Conway, T. L., Cain, K. L., Sallis, J. F., Saelens, B. E., Frank, L. D., & King, A. C. (2010). Objective light-intensity physical activity associations with rated health in older adults. *American Journal of Epidemiology, 172*(10), 1155–1165. https://doi.org/10.1093/aje/kwq249.

Calvo-Merino, B., Grèzes, J., Glaser, D. E., Passingham, R. E., & Haggard, P. (2006). Seeing or doing? Influence of visual and motor familiarity in action observation. *Current Biology, 16*(19), 1905–1910.

Cañal-Bruland, R., Mooren, M., & Savelsbergh, G. J. P. (2011). Differentiating experts' anticipatory skills in beach volleyball. *Research Quarterly for Exercise and Sport, 82,* 667–674.

Cardinale, M., & Stone, M. H. (2006). Is testosterone influencing explosive performance? *Journal of Strength and Conditioning Research, 20*(1), 103–107.

Chantal, Y., Bernache-Assolant, I., & Schiano-Lomoriello, S. (2013). Examining a negative halo effect to anabolic steroids users through perceived achievement goals, sportsperson-ship orientations, and aggressive tendencies. *Scandinavian Journal of Psychology, 54,* 173–177.

Cobley, S., Baker, J., Wattie, N., & McKenna, J. (2009). Annual age-grouping and athlete development: A meta-analytical review of relative age effects in sport. *Sports Medicine, 39*(3), 235–256.

Coetzee, B., Grobbelaar, H. W., & Gird, C. C. (2006). Sport psychological skills that distinguish successful from less successful soccer teams. *Journal of Human Movement Studies, 51*(6), 383–402.

Cogiamanian, F., Marceglia, S., Ardolino, G., Barbieri, S., & Priori, A. (2007). Improved isometric force endurance after transcranial direct current stimulation over the human motor cortical areas. *European Journal of Neuroscience, 26*(1), 242–249.

Converse, S., Cannon-Bowers, J. A., & Salas, E. (1993). Shared mental models in expert team decision making. *Individual and Group Decision Making: Current Issues, 221,* 221–246.

Conzelmann, A. (2009). Differentielle Sportpsychologie – Sport und Persönlichkeit. In W. Schlicht & B. Strauß (Hrsg.), *Grundlagen der Sportpsychologie: Bd. 1. Enzyklopädie der Psychologie, Serie 5: Sportpsychologie* (S. 375–439). Göttingen: Hogrefe.

Cook, C. J., Crewther, B. T., & Kilduff, L. P. (2013). Are free testosterone and cortisol concentrations associated with training motivation in elite male athletes? *Psychology of Sport and Exercise, 14*(6), 882–885.

Cotterill, S. T., & Fransen, K. (2016). Athlete leadership in sport teams: Current understanding and future directions. *International Review of Sport and Exercise Psychology, 9*(1), 116–133.

Craft, L. L., Magyar, T. M., Becker, B. J., & Feltz, D. L. (2003). The relationship between the competitive state anxiety inventory-2 and sport performance: A meta-analysis. *Journal of Sport and Exercise Psychology, 25*(1), 44–65.

Crivelli, C., & Fridlund, A. J. (2018). Facial displays are tools for social influence. *Trends in Cognitive Sciences, 22*(5), 388–399.

Crozier, A. J., Loughead, T. M., & Munroe-Chandler, K. J. (2013). Examing the benefits of athlete leaders in sport. *Journal of Sport Behavior, 36,* 4.

Czyż, S. H., Szmajke, A., Kruger, A., & Kübler, M. (2016). Participation in team sports can eliminate the effect of social loafing. *Perceptual and Motor Skills, 123*(3), 754–768.

Damisch, L., Mussweiler, T., & Plessner, H. (2006). Olympic medals as fruits of comparison? Assimilation and contrast in sequential performance judgments. *Journal of Experimental Psychology: Applied, 12*(3), 166–178.

de Greef, J. W., Bosker, R. J., Oosterlaan, J., Visscher, C., & Hartman, E. (2018). Effects of physical activity on executive functions, attention and academic performance in preadolescent children: A meta-analysis. *Journal of Science & Medicine in Sport, 21,* 501.

De Oliveira, R., Lobinger, B. H., & Raab, M. (2014). An adaptive toolbox approach to the route to expertise in sport. *Frontiers in Psychology, 5,* 2–4.

Deci, E. L., & Ryan, R. M. (2000). The 'what' and 'why' of goal pursuit: Human needs and the self-determination of behavior. *Psychological Inquiry, 11,* 227–268.

Del Percio, C., Infarinato, F., Iacoboni, M., Marzano, N., Soricelli, A., Aschieri, P., Eusebi, F., & Babiloni, C. (2010). Movement-related desynchronization of alpha rhythms is lower in athletes than non-athletes: A high-resolution EEG study. *Clinical Neurophysiology, 121*(4), 482–491.

Deutsch, M., & Gerard, H. B. (1955). A study of normative and informational social influences upon individual judgement. *The Journal of Abnormal and Social Psychology, 51*(3), 629–636.

Deutscher Olympischer Sportbund. (2018). *Wegweiser Angewandte Sportpsychologie.* https://cdn.dosb.de/Broschuere_21x21cm_Wegweiser_Sportpsychologie_20180803_finale_Version.pdf.

Diamond, A. (2012). Activities and programs that improve children's executive functions. *Current directions in Psychological Science, 21*(5), 335–341.

Dreiskämper, D., Pöppel, K., & Strauß, B. (2016). Vertrauen ist gut... Entwicklung und Validierung eines Inventars zur Messung von Vertrauenswürdigkeit im Sport. *Zeitschrift für Sportpsychologie, 23*(1), 1–12.

Edmunds, J., Ntoumanis, N., & Duda, J. L. (2008). Testing a self-determination theory-based teaching style intervention in the exercise domain. *European Journal of Social Psychology, 38*(2), 375–388.

Edwards, D. J., Cortes, M., Wortman-Jutt, S., Putrino, D., Bikson, M., Thickbroom, G., & Pascual-Leone, A. (2017). Transcranial direct current stimulation and sports performance. *Frontiers in Human Neuroscience, 11,* 243.

Ehrlenspiel, F., & Mesagno, C. (2020). Angst im Sport. In J. Schüler, M. Wegner, & H. Plessner (Hrsg.), *Einführung in die Sportpsychologie* (S. 267). Springer.

Eichberg, H. (1992). Crisis and grace: Soccer in Denmark. *Scandinavian Journal of Medicine & Science in Sports, 2,* 119–128.

Ekkekakis, P., & Brand, R. (2019). Affective responses to and automatic affective valuations of physical activity: Fifty years of progress on the seminal question in exercise psychology. *Psychology of Sport and Exercise, 42,* 130–137.

Ekman, P. (1994). Strong evidence for universals in facial expression: A reply to Russell's mistaken critique. *Psychological Bulletin, 115,* 268–287.

Ekman, P. (2016). What scientists who study emotion agree about. *Perspectives on psychological science, 11*(1), 31–34.

Elbe, A.-M. (2004). Testgütekriterien des Deutschen Sport Orientation Questionnaires. *Spectrum der Sportwissenschaft, 16*(1), 96–107.

Elbe, A.-M., Beckmann, J., & Szymanski, B. (2003). Die Entwicklung des allgemeinen und sportspezifischen Leistungsmotivs von SportinternatsschülerInnen. *Psychologie und Sport, 10,* 134–143.

Elbe, A.-M., Wenhold, F., & Müller, D. (2005). Zur Reliabilität und Validität des AMS-Sport- ein Instrument zur Bestimmung des sportspezifischen Leistungsmotivs. *Zeitschrift für Sportpsychologie, 12*(2), 57–68.

Ericsson, K. A. (2003). How the expert performance approach differs from traditional approaches to expertise in sport: In search of a shared theoretical framework for studying expert performance. In J. L. Starkes & K. A. Ericsson (Eds.), *Expert performance in sports: Advances in research on sport expertise* (S. 371–402). Human Kinetics.

Erickson, K. I., Hillman, C., Stillman, C. M., Ballard, R. M., Bloodgood, B., Conroy, D. E., Macko, R., Marquez, D. X., Petruzzello, S. J., & Powell, K. E. (2019). Physical activity, cognition, and brain outcomes: A review of the 2018 physical activity guidelines. *Medicine & Science in Sports & Exercise, 51*(6), 1242–1251.

Feichtinger, P., & Höner, O. (2014). Psychological diagnostics in the talent development program of the German Football Association: Psychometric properties of an Internet-based test battery. *Sportwissenschaft,*https://doi.org/10.1007/s12662-014-0341-0.

Fiedler, F. E. (1978). The contingency model and the dynamics of the leadership process. *Advances in Experimental Social Psychology, 11,* 59–112.

Finkenzeller, T., Doppelmayr, M., & Amesberger, G. (2012). Herzfrequenzvariabilität als Indikator des Aufmerksamkeitsfokus bei Golfern unterschiedlichen Leistungsniveaus. *Zeitschrift Für Sportpsychologie, 19*(1), 26–36.

Fisseni, H.-J. (1998). *Persönlichkeitspsychologie. Ein Theorienüberblick* (4. überarb. und erw. Aufl.). Hogrefe.

Fransen, K., Vanbeselaere, N., Cuyper, B. D., Broek, G. V., & Boen, F. (2014). The myth of the team captain as principal leader: Extending the athlete leadership classification within sport teams. *Journal of Sports Sciences, 32*(14), 1389–1397.

Fransen, K., Puyenbroeck, S. V., Loughead, T. M., Vanbeselaere, N., Cuyper, B. D., Broek, G. V., & Boen, F. (2015). Who takes the lead? Social network analysis as a pioneering tool to investigate shared leadership within sports teams. *Social Networks, 43,* 28–38.

Fransen, K., Steffens, N. K., Haslam, S. A., Vanbeselaere, N., Vande Broek, G., & Boen, F. (2016a). We will be champions: Leaders' confidence in 'us' inspires team members' team confidence and performance. *Scandinavian Journal of Medicine & Science in Sports, 26*(12), 1455–1469.

Fransen, K., Decroos, S., Vande Broek, G., & Boen, F. (2016b). Leading from the top or leading from within? A comparison between coaches' and athletes' leadership as predictors of team identification, team confidence, and team cohesion. *International Journal of Sports Science & Coaching, 11*(6), 757–771.

Frenkel, M. O., Maltese, S., & Schankin, A. (2012). Befunde aus EEG-Untersuchungen zum Mentalen Training. *Zeitschrift Für Sportpsychologie, 19*(1), 16–25.

Fröse, G. (2012). *Sportpsychologische Einflussfaktoren der Leistung von Elfmeterschützen. Schriften zur Sportpsychologie Band 6.* Kovac.

Fulford, D., Johnson, S. L., Llabre, M. M., & Carver, C. S. (2010). Pushing and coasting in dynamic goal pursuit: Coasting is attenuated in bipolar disorder. *Psychological Science, 21,* 1021–1027.

Furley, P., & Laborde, S. (2020). Emotionen im Sport. In J. Schüler, M. Wegner, & H. Plessner (Hrsg.). *Einführung in die Sportpsychologie*. Berlin/Heidelberg: Springer.

Gabler, H. (1976). Zur Entwicklung von Persönlichkeitsmerkmalen bei Hochleistungssportlern. *Sportwissenschaft.*

Gabler, H., Nitsch, J. R., & Singer, R. (2000). *Einführung in die Sportpsychologie – Teil 1: Grundthemen: Bd. 2. Sport und Sportunterricht* (3. überarb. und erw. Aufl.). Schorndorf: Hofmann.

Gabler, H., Nitsch, J. R., & Singer, R. (2001). *Einführung in die Sportpsychologie. Teil 2: Anwendungsfelder* (2., erw. und überarb. Aufl.). Schorndorf: Hofmann.

Garcia, C., Barela, J. A., Viana, A. R., & Barela, A. M. F. (2011). Influence of gymnastics training on the development of postural control. *Neuroscience Letters, 492*(1), 29–32.

Gerland, B. P. (2015). *Der Yips – Eine erlernte Störung motorischer Leistungsvollzüge? Phänomenanalyse und Interventionsmöglichkeiten am Beispiel des Putt-Yips im Golf.* Köln: Schriftenreihe des Bundesinstituts für Sportwissenschaft 2015/02.

Gershgoren, L., Filho, E. M., Tenenbaum, G., & Schinke, R. J. (2013). Coaching shared mental models in soccer: A longitudinal case study. *Journal of Clinical Sport Psychology, 7*, 293–312.

Giske, R., Rodahl, S. E., & Høigaard, R. (2014). Shared mental task models in elite ice hockey and handball teams: Does it exist and how does the coach intervene to make an impact? *Journal of Applied Sport Psychology, 27*(1), 20–34.

Gledhill, A., Harwood, C., & Forsdyke, D. (2017). Psychosocial factors associated with talent development in football: A systematic review. *Psychology of Sport & Exercise, 31,* 93–112.

Gröpel, P., & Mesagno, C. (2019). Choking interventions in *sports*: A systematic review. *International Review of Sport and Exercise Psychology, 12*(1), 176–201.

Gröpel, P., Schoene, L., & Wegner, M. (2015). Implizite und explizite Motive von Leistungs- und Freizeitsporttreibenden. *Zeitschrift für Sportpsychologie, 22*(1), 6–19.

Grosprêtre, S., Jacquet, T., Lebon, F., Papaxanthis, C., & Martin, A. (2018). Neural mechanisms of strength increase after one-week motor imagery training. *European Journal of Sport Science, 18*(2), 209–218.

Hackfort, Psychologische Aspekte des Freizeitsports. (2000). In H. Gabler, J. R. Nitsch, & R. Singer. (2001). *Einführung in die Sportpsychologie. Teil 2: Anwendungsfelder* (2., erw. und überarb. Aufl., S. 207–236). Schorndorf: Hofmann.

Handelsman, D. J., Hirschberg, A. J., & Bermon, S. (2018). Circulating testosterone as the hormonal basis of sex differences in athletic performance. *Endocrine Reviews, 39*(5), 803–829.

Häger, J. (2016). Basketballspieler und ihre Entscheidungen in Drucksituationen. Erklärung von Leistungsunterschieden durch die „Regulatory Focus" Theorie und die Handlungskontrolltheorie. *Dissertation.* https://docplayer.org/32626345 Dissertation vor gelegt-von-janne-haeger-flensburg-2016.html.

Häger, J., Schlapkohl, N., & Raab, M. (2014). Lassen sich Leistungsunterschiede im Basketballfreiwurf durch die Regulatory Focus Theorie und die Handlungskontrolltheorie erklären? *Zeitschrift für Sportpsychologie, 21*(4), 149–160.

Hänsel, F., Baumgärtner, S. D., Kornmann, J. M., & Ennigkeit, F. (2019). *Sportpsychologie.* Berlin/Heidelberg: Springer.

Hanin, Y. I. (Hrsg.). (2000). *Emotions in sport.* Champaign: Human Kinetics.

Hatfield, E., Cacioppo, J. T., & Rapson, R. L. (1993). Emotional contagion. *Current Directions in Psychological Science, 2*(3), 96–100.

Hausegger, T., Vater, C., & Hossner, E. J. (2019). Peripheral vision in martial arts experts: The cost-dependent. Anchoring of gaze. *Journal of Sport and Exercise Psychology, 41*(3), 137–145.

Havighurst, R. J. (1974). *Developmental tasks and education* (3. Aufl.). New York: McKay.

Hazime, F. A., da Cunha, R. A., Soliaman, R. R., Romancini, A. C. B., de Castro Pochini, A., Ejnisman, B., & Baptista, A. F. (2017). Anodal transcranial direct current stimulation (tdcs) increases isometric strength of shoulder rotators muscles in handball players. *International Journal of Sports Physical Therapy, 12*(3), 402.

Heckhausen, J., & Dweck, C. (1998). *Lifespan perspectives on motivation and control* (S. 15–99). Erlbaum.

Heckhausen, H., & Heckhausen, J. (2006). *Motivation und Handeln* (4. überarb. und aktual. Aufl.). Berlin/Heidelberg: Springer.

Heins, N., Pomp, J., Kluger, D. S., Trempler, I., Zentgraf, K., Raab, M., & Schubotz, R. I. (2020). Incidental or intentional? Different brain responses to one's own action sounds in hurdling vs. tap dancing. *Frontiers in Neuroscience, 14,* 483.

Herrmann, T. (1991). *Lehrbuch der empirischen Persönlichkeitsforschung.* Göttingen: Hogrefe.

Hermann, H. D. (2019). Sportpsychologische Ethik: Pflichten – Werte – Grenzen. In K. Staufenbiel, M. Liesenfeld, & B. Lobinger (Hrsg.), *Angewandte Sportpsychologie für den Leistungssport* (S. 59–71). Göttingen: Hogrefe.

Hirtz, P., & Hummel, A. (2003). Motorisches Lernen im Sportunterricht. In H. Mechling & J. Munzert (Hrsg.), *Handbuch Bewegungswissenschaft – Bewegungslehre* (S. 429–441). Schorndorf: Hofmann.

Hitzschke, B., & Scheuermann, K. (2019). Grenzbereiche und psychische Störungen. In K. Staufenbiel, M. Liesenfeld & B. Lobinger (Hrsg.). *Angewandte Sportpsychologie für den Leistungssport.* (S. 246–273). Göttingen: Hogrefe.

Höner, O., & Feichtinger, P. (2016). Psychological talent predictors in early adolescence and their empirical relationship with current and future performance in soccer. *Psychology of Sport and Exercise, 25,* 17–26.

Hoffmann, S., & Falkenstein, M. (2012). Predictive information processing in the brain: Errors and response monitoring. *International Journal of Psychophysiology, 83*(2), 208–212.

Hogg, J. M., & Kellmann, M. (2002). Debriefing im Leistungssport. *Psychologie und Sport, 9*(3), 90–96.

Hohmann, T., Troje, N. F., Olmos, A., & Munzert, J. (2011). The influence of motor expertise and motor experience on action and actor recognition. *Journal of Cognitive Psychology, 23*(4), 403–415.

Høigaard, R., Tofteland, I., & Ommundsen, Y. (2006). The effect of team cohesion on social loafing in relay teams. *International Journal of Applied Sport Sciences, 18*(1), 59.

Horn, T. S., Lox, C. L., & Labrador, F. (2010). The self-fulfilling prophecy theory: When coaches' expectations become reality. In J. M. Williams (Hrsg.), *Applied sport psychology: Personal growth to peak performance* (4. Aufl., S. 63–81). Mayfield.

Huang, L., Deng, Y., Zheng, X., & Liu, Y. (2019). Transcranial direct current stimulation with halo sport enhances repeated sprint cycling and cognitive performance. *Frontiers in Physiology, 10,* 118.

Huijgen, B. C. H., Leemhuis, S., Kok, N. M., Verburgh, L., Oosterlaan, J., Elferink-Gemser, M. T., & Visscher, C. (2015). Cognitive functions in elite and sub-elite youth soccer players aged 13 to 17 years. *PLoS ONE, 10*(2), e0144580.

Jäncke, L. (2005). *Methoden der Bildgebung in der Psychologie und den kognitiven Neurowissenschaften.* Stuttgart: Kohlhammer.

Jekauc, D., & Brand, R. (2017). How do emotions and feelings regulate physical activity? *Frontiers in Psychology, 8,* 1145.

Johnson, E. J., & Payne, J. W. (1985). Effort and accuracy in choice. *Management Science, 31*(4), 395–414.

Johnson, J. G., & Raab, M. (2003). Take the first: Option-generation and resulting choices. *Organizational Behavior and Human Decision Processes, 91*(2), 215–229.

Jonas, K., Stroebe, W., & Hewstone, M. (2014). *Sozialpsychologie.* Berlin/Heidelberg: Springer.

Judge, T. A., & Bono, J. E. (2000). Five-factor model of personality and transformational leadership. *Journal of Applied Psychology, 85*(5), 751–765.

Kanning, U. P. (2002). Soziale Kompetenz: Definition, Strukturen und Prozesse. *Zeitschrift für Psychologie, 210*(4), 154–163.

Kennel, C., Pizzera, A., Hohmann, T., Schubotz, R. I., Murgua, M., Agostini, T., & Raab, M. (2014). The perception of natural and modulated movement sounds. *Perception, 43*(8), 796–804.

Klämpfl, M. K., Lobinger, B. H., & Lehmann, T. (2020). Exploring the phonemenological, environmental, and task-related aspects of the yips in tennis, miniature golf, darts, and archery. *IJSP* (im Druck).

Kleine, D., & Schwarzer, R. (1991). Angst und sportliche Leistung: Eine Meta-Analyse. *Sportwissenschaft (Schorndorf), 21*(1), 9–28.

Klonsky, B. G. (1991). Leaders' characteristics in same-sex sport groups: A study of interscholastic baseball and softball teams. *Perceptual and Motor Skills, 72*(3), 943–946.

Klostermann, A., Kredel, R., & Hossner, E. J. (2013). The "quiet eye" and motor performance: Task demands matter! *Journal of Experimental Psychology: Human Perception and Performance, 39*(5), 1270.

Klusmann, V., Musculus, L., Sproesser, G., & Renner, B. (2016). Fulfilled emotional outcome expectancies enable successful adoption and maintenance of physical activity. *Frontiers in Psychology, 6,* 1–10.

Knapton, H., Espinosa, L., Meier, H. E., Back, E. A., & Back, H. (2018). Belonging for violence: Personality, football fandom, and spectator aggression. *Nordic Psychology, 70,* 278–289.

Knobloch, J. (2001). Psychologische Aspekte der Anwendung von Bewegung und Sport in der Rehabilitation. In H. Gabler, J. R. Nitsch, & P. Singer (Hrsg.) *Einführung in die Sportpsychologie. Teil 2: Anwendungsfelder* (2., erw. und überarb. Aufl., S. 263–313). Schorndorf: Hofmann.

Knobloch, J., Allmer, H., & Schack, T. (2000). Sport und Sucht – Ausdauer- und Risikosportarten. In S. Poppelreuter & W. Gross (Hrsg.), *Nicht nur Drogen machen süchtig – Entstehung und Behandlung von stoffungebundenen Süchten* (S. 181–208). Beltz.

Kuhl, J. (2001). *Motivation und Persönlichkeit: Interaktion psychischer Systeme.* Hogrefe.

Kuhl, J., & Fuhrmann, A. (1998). Decomposing self-regulation and self-control: The volitional components inventory. In J. Heckhausen & C. Dweck (Hrsg.), *Lifespan perspectives on motivation and control* (S. 15–99). Erlbaum.

Kuhlenkamp, S. (2017). *Lehrbuch Psychomotorik*. Ernst Reinhardt.

Laborde, S., Allen, M. S., Katschak, K., Mattonet, K., & Lachner, N. (2019). Trait personality in sport and exercise psychology: A mapping review and research agenda. *International Journal of Sport and Exercise Psychology,* 1–16.

Laborde, S., Dosseville, F., & Allen, M. S. (2016). Emotional intelligence in sport and exercise: A systematic review. *Scandinavian Journal of Medicine & Science in Sports, 26*(8), 862–874.

Laborde, S., Mosley, E., & Thayer, J. F. (2017). Heart rate variability and cardiac vagal tone in psychophysiological research – Recommendations for experiment planning, data analysis, and data reporting. *Frontiers in Psychology, 8,* 1–18.

Lang, R., & Rybnikova, I. (2014). *Aktuelle Führungstheorien und -konzepte*. Springer Gabler.

Lau, A., & Plessner, H. (2005). *Sozialpsychologie und Sport: Ein Lehrbuch in 12 Lektionen*. Aachen: Meyer & Meyer.

Lautenbach, F., & Lobinger, B. H. (2018). Cortisol predicts performance during competition: Preliminary results of a field study with elite adolescent teakwondo athletes. *Applied Psychophysiology and Biofeedback, 43*(4), 275–280.

Lautenbach, F., Laborde, S., Achtzehn, S., & Raab, M. (2014). Preliminary evidence of salivary cortisol predicting performance in a controlled setting. *Psychoneuroendocrinology, 42,* 218–224.

Lazarus, R. S. (2000). How emotions influence performance in competitive sports. *The Sport Psychologist, 14,* 229–252.

Lewis, J. M. (1982). Crowd control at English football matches. *Sociological Focus, 15,* 417–423.

Linder, D. E., Brewer, B. W., Van Raalte, J. L., & De Lange, N. (1991). A negative halo for athletes who consult sport psychologists: Replication and extension. *Journal of Sport & Exercise Psychology, 13*(2), 33–148.

Lobinger, B. (2019). Coach the Coach: Führung und Kommunikation. In K. Staufenbiel, M. Liesenfeld, & B. Lobinger (Hrsg.), *Angewandte Sportpsychologie für den Leistungssport* (S. 106–123). Hogrefe.

Lobinger, B., & Heisler, S. (2018a). Emotionale Intelligenz und Führungsverhalten von Fußballtrainern. *Zeitschrift für Sportpsychologie, 25*(3), 108–114.

Lobinger, B., & Heisler, S. (2018b). Regeln befolgen oder beherzigen? Eine Analyse von Regel- und Strafkatalogen im Jugendfußball. *Leistungssport, 2,* 21–25.

Lobinger, B., Raab, M., Gärtner, K., & Zastrow, H. (2009). Konzepte langfristiger Talentdiagnostik und -förderung in Handball und Fußball. In G. Neumann (Hrsg.), *Talentdiagnose und Talentprognose im Nachwuchsleistungssport (2. BISp-Symposium: Theorie trifft Praxis)*, (S. 114–116). Koln: Sport und Buch Strauß.

Lobinger, B., Heisler, S., & Klohr, R. (2019). Vom Fair Play im Kinderfußball – Ein „Denk-Anstoß aus der Angewandten Sportpsychologie". *Wissenswert,* 5–11.

Lobinger, B. H., & Brückner, S. (eingereicht). Qualifikation und Organisation sportpsychologischer Arbeit. In A. Ströhle (Hrsg.), *Sportpsychiatrie und Sportpsychotherapie*. Berlin/Heidelberg: Springer.

Lobinger, B. H., & Stoll, O. (2019). Leistung beschreiben, erklären, vorhersagen und optimieren. *Zeitschrift für Sportpsychologie, 26*(2), 58–70.

Lobinger, B. H., Neumann, G., & Mayer, J. (2019). Etablierung der Angewandten Sportpsychologie im Leistungssport. In K. Staufenbiel, M. Liesenfeld, & B. Lobinger (Hrsg.), *Angewandte Sportpsychologie für den Leistungssport* (S. 30–45). Hogrefe.

Lobinger, B. H., Reinhard, L.-M., & Querfurth, S. (2020). Berufsethische Leitlinien, Überzeugungen und Verhaltensweisen in der Angewandten Sportpsychologie. *Zeitschrift für Sportpsychologie, 27*(2), 45–65.

Loffing, F., Cañal-Bruland, R., & Hagemann, N. (2014). Antizipationstraining im Sport. In K. Zentgraf & J. Munzert (Hrsg.), *Kognitives Training im Sport* (S. 137–160). Hogrefe.

Loughead, T. M., Hardy, J., & Eys, M. A. (2006). The nature of athlete leadership. *Journal of Sport Behavior,29*(2), 142–158.

Lowther, J., & Lane, A. (2002). Relationships between mood, cohesion and satisfaction with performance among soccer players. *Athletic Insight – The Online Journal of Sport Psychology, 4,* 126–142.

MacMahon, C., Mascarenhas, D., Plessner, H., Pizzera, A., Oudejans, R., & Raab, M. (2015). *Sports officials and officiating – Science and practice.* Routledge.

Mann, D. L., & van Ginneken, P. J. M. A. (2017). Age-ordered shirt numbering reduces the selection bias associated with the relative age effect. *Journal of Sports Sciences, 35*(8), 784–790.

Mann, D. T., Williams, A. M., Ward, P., & Janelle, C. M. (2007). Perceptual-cognitive expertise in sport: A meta-analysis. *Journal of Sport and Exercise Psychology, 29*(4), 457–478.

Marquardt, C., & Hermsdörfer, J. (2014). Training bei aufgabenspezifischen Bewegungsstörungen im Sport. In K. Zentgraf & J. Munzert (Hrsg.), *Kognitives Training im Sport.* Hogrefe.

Martin, L. J., & Carron, A. V. (2012). Team attributions in sport: A meta-analysis. *Journal of Applied Sport Psychology, 24,* 157–174.

McCrae, R. R., & Costa, P. T., Jr. (2008). The five-factor theory of personality. In O. P. John, R. W. Robins, & L. A. Pervin (Hrsg.), *Handbook of personality: Theory and research* (S. 159–181). The Guilford Press.

McCrae, R. R., & John, O. P. (1992). An introduction to the five-factor model and its applications. *Journal of Personality, 60*(2), 175–215.

McGraw, A. P., Mellers, B. A., & Tetlock, P. E. (2005). Expectations and emotions of olympic athletes. *Journal of Experimental Social Psychology, 41*(4), 438–446.

Mechling, H., & Munzert, J. (2003). *Handbuch Bewegungswissenschaft – Bewegungslehre.* Schorndorf: Hofmann.

Meier, J., Topka, M. S., & Hänggi, J. (2016). Differences in cortical representation and structural connectivity of hands and feet between professional handball players and ballet dancers. *Neural Plasticity,* 1–17.

Meinhardt, U., Nelson, A. E., Hansen, J. L., Walker, H., & Ho, K. K. (2008). The power of the mind: An evaluation of the placebo effect in a study of GH on physical performance. *Growth Hormone & IGF Research, 18*(1), S34.

Memmert, D., Plessner, H., & Maaßmann, J. (2009). Zur Erklärungskraft der „Regulatory Focus" Theorie im Sport'. *Zeitschrift für Sportpsychologie, 16,* 80–90.

Merletti R., & Muceli, S. (2019). Tutorial. Surface EMG detection in space and time: Best practices. *Journal Electromyography and Kinesiology, 49*. https://doi.org/10.1016/j.jelekin. 2019.102363.

Mezulis, A. H., Abramson, L. Y., Hyde, J. S., & Hankin, B. L. (2004). Is there a universal positivity bias in attributions? A meta-analytic review of individual, developmental, and cultural differences in the self-serving attributional bias. *Psychological Bulletin, 130*, 711–747.

Mickler, W., Kaß, P., Fleckenstein, D., & Lobinger, B. (2013). Wollen kann man lernen – Theorie und Praxis der Willensschulung. *Fussballtraining, 8*, 36–41.

Miyake, A., Friedman, N. P., Emerson, M. J., Witzki, A. H., Howerter, A., & Wagner, T. D. (2000). The unity and diversity of executive functions and their contributions to complex "frontal lobe" tasks: A latent variable analysis. *Cognitive Psychology, 41*(1), 49–100.

Moll, T., Jordet, G., & Pepping, G. J. (2010). Emotional contagion in soccer penalty shootouts: Celebration of individual success is associated with ultimate team success. *Journal of Sports Sciences, 28*(9), 983–992.

Montada, L., Lindenberger, U., & Schneider, W. (2018). *Entwicklungspsychologie*. Weinheim: Beltz PVU.

Moran, A. (2009). Cognitive psychology in sport: Progress and prospects. *Psychology of Sport and Exercise, 10*(4), 420–426.

Moran, A., Guillot, A., MacIntyre, T., & Collet, C. (2012). Re-imagining motor imagery: Building bridges between cognitive neuroscience and sport psychology. *British Journal of Psychology, 103*(2), 224–247.

Moran, A., & Toner, J. (2017). *A critical introduction to sport psychology* (3. Aufl.). London: Routledge.

Moreira, A., Crewther, B., Freitas, C. G., Arruda, A. F., Costa, E. C., & Aoki, M. S. (2012). Session RPE and salivary immune-endocrine responses to simulated and official basketball matches in elite young male athletes. *Journal of Sports Medicine and Physical Fitness, 52*, 682–687.

Moreira, A., Freitas, C. G., Nakamura, F. Y., Drago, G., Drago, M., & Aoki, M. S. (2013). Effect of match importance on salivary cortisol and immunoglobulin aresponses in elite young volleyball players. *Journal of Strength and Conditioning Research, 27*, 202–207.

Moskowitz, G. B. (2005). *Social cognition: Understanding self and others*. New York: Guilford Press.

Müller, P., Rehfeld, K., Lüders, A., Schmicker, M., Hökelmann, A., Kaufman, J., & Müller, N. G. (2016). Effekte eines Tanz- und eines Gesundheitssporttrainings auf die graue Hirnsubstanz gesunder Senioren. *Sportwissenschaft, 46*(3), 213–222.

Munzert, J., & Zentgraf, K. (2020). Mentales Training und Simulationstraining. In J. Munzert, M. Raab & B. Strauß (Hrsg.), *Sportpsychologie: Ein Lehrbuch* (S. 109–130). Kohlhammer.

Murphy, C. P., Jackson, R. C., & Williams, A. M. (2019). Informational constraints, option generation, and anticipation. *Psychology of Sport and Exercise, 41*, 54–62.

Murphy, C. P., Jackson, R. C., Cooke, K., Roca, A., Benguigui, N., & Williams, A. M. (2016). Contextual information and perceptual-cognitive expertise in a dynamic, temporally-constrained task. *Journal of Experimental Psychology: Applied, 22*(4), 455–470.

Musculus, L. (2018). Do the best players "Take-The-First"? Examining expertise differences in the option-generation and selection processes of young soccer players. *Sport, Exercise, and Performance Psychology, 7*(3), 271–283.

Musculus, L., & Lobinger, B. H. (2018). Psychological characteristics in talented soccer players – Recommendations on how to improve coaches' assessment. *Frontiers in
psychology*, 1–6.

Musculus, L., Ruggeri, A., Raab, M., & Lobinger, B. H. (2019). A developmental perspective
on option generation and selection. *Developmental Psychology, 55*(4), 745–753.

Myers, D. (2014). *Psychologie* (3. vollst. überarb. u. erw. Aufl.). Springer.

Neumann, D. L., & Thomas, P. R. (2009). The relationship between skill level and pat-
terns in cardiac and respiratory activity during golf putting. *International Journal of
Psychophysiology, 72*, 276–282.

Nevill, A. M., Balmer, N. J., & Williams, A. M. (2002). The influence of crowd noise and
experience upon refereeing decisions in football. *Psychology of Sport and Exercise, 3*(4),
261–272.

Nitsch, J. R. (1975). Sportliches Handeln als Handlungsmodell. *Sportwissenschaft, 5*(1), 39–
55.

Nitsch, J., & Singer, R. (2001). Psychologische Aspekte des Schulsports. In H. Gabler, J. R.
Nitsch, & R. Singer (Hrsg.), *Einführung in die Sportpsychologie: Teil 2 Anwendungsfelder*
(S. 109–152). Schorndorf: Hofmann.

Ohlert, J., & Kleinert, J. (2014). Entwicklungsaufgaben jugendlicher Elite-Handballerinnen
und -Handballer. *Zeitschrift für Sportpsychologie, 21*(4), 161–172.

Okano, A. H., Fontes, E. B., Montenegro, R. A., Farinatti, P. D. T. V., Cyrino, E. S., Li, L. M.,
Bikson, M., & Noakes, T. D. (2015). Brain stimulation modulates the autonomic nervous
system, rating of perceived exertion and performance during maximal exercise. *British
Journal of Sports Medicine, 49*(18), 1213–1218.

Pagaduan, J. C., Chen, Y., Fell, J. W., & Wu, S. S. (2020). Can heart rate variability biofeedback
improve athletic performance? A systematic review. *Journal of Human Kinetics, 73*(1),
103–114.

Park, J. L., Fairweather, M. M., & Donaldson, D. I. (2015). Making the case for mobile
cognition: EEG and sports performance. *Neuroscience & Biobehavioral Reviews, 52*,
117–130.

Pepping, G. J., & Timmermans, E. J. (2012). Oxytocin and the biopsychology of performance
in team sports. *The Scientific World Journal, 2012*. https://doi.org/10.1100/2012/567363.

Perkins-Ceccato, N., Passmore, S. R., & Lee, T. D. (2003). Effects of focus of attention depend
on golfers skill. *Journal of Sports Sciences, 21*(8), 593–600.

Pesce, C., Croce, R., Ben-Soussan, T. D., Vazou, S., McCullick, B., Tomporowski, P. D., &
Horvat, M. (2019). Variability of practice as an interface between motor and cognitive
development. *International Journal of Sport and Exercise Psychology, 17*(2), 133–152.

Pettersson-Lidbom, P., & Priks, M. (2010). Behavior under social pressure: Empty Italian
stadiums and referee bias. *Economics Letters, 100*(2), 212–214.

Pfeffer, I., Würth, S., & Alfermann, D. (2004). Die subjektive Wahrnehmung der Trainer-
Athlet-Interaktion in Individualsport und Mannschaftsspielen. *Zeitschrift für Sportpsychologie, 11*(1), 24–32.

Pfister, A., & Neumann, U. (2019). Führungstheorien. In E. Lippmann, A. Pfister, & U. Jörg
(Hrsg.), *Handbuch Angewandte Psychologie für Führungskräfte* (S. 39–73). Heidelberg:
Springer.

Pizzera, A., & Lobinger, B. H. (2014). Influence of visuomotor experience on the judgment quality and confidence of judges in pole vaulting. *Zeitschrift für Sportpsychologie, 21*(3), 95–103.

Plessner, H., & Betsch, T. (2001). Sequential effects in important referee decisions: The case of penalties in soccer. *Journal of Sport & Exercise Psychology, 23,* 254–259.

Pollard, R. (2002). Evidence of a reduced home advantage when a team moves to a new stadium. *Journal of Sport and Exercise Psychology, 32*(4), 483–498.

Pühse, U. (2004). *Kindliche Entwicklung und soziales Lernen im Sport.* Schorndorf: Hofmann.

Quartarone, A., Rizzo, V., Terranova, C., Cacciola, A., Milardi, D., Calamuneri, A., Chillemi, G., & Girlanda, P. (2017). Therapeutic use of non-invasive brain stimulation in dystonia. *Frontiers in Neuroscience, 11,* 423.

Raab, M. (2012). Simple heuristics in sports. *International Review of Sport and Exercise Psychology, 5*(2), 104–120.

Raab, M. (2017). Motor heuristics and embodied choices: How to choose and act. *Current Opinion in Psychology, 16,* 34–37.

Raab, M. (2021). *Judgment. Decision-making and embodied choices.* Academic Press.

Raab, M., Masters, R. S. W., & Maxwell, J. P. (2005). Improving the 'how' and 'what' decisions of elite table tennis players. *Human Movement Science, 24*(3), 326–344.

Rhodes, R. E., & Smith, N. E. I. (2006). Personality correlates of physical activity: A review and meta-analysis. *British Journal of Sports Medicine, 40*(12), 958–965.

Rieder, H. (1979). Kondition–Grundlage sportlicher Leistung. *Beiheft zu Leistungssport– Informationen zum Training, 17*(1979), 4–58.

Rivkin, W., Diestel, S., & Schmidt, K. (2014). The positive relationship between servant leadership and employees psychological health: A multi-method approach. *German Journal of Human Resource Management: Zeitschrift Für Personalforschung, 28*(1–2), 52–72.

Ross, M., & Sicoly, F. (1979). Egocentric biases in availability and attribution. *Journal of Personality and Social Psychology, 37,* 322–336.

Runge, M. (1998). *Gehstörungen, Stürze, Hüftfrakturen.* Darmstadt: Steinkopff.

Russell, G. W. (2004). Sport riots: A social-psychological review. *Aggression and Violent Behavior, 9*(4), 353–378.

Russotto, D., & Perlmutter, J. S. (2008). Focal dystonias of the hand and upper extremity. *The Journal of Hand Surgery, 33*(9), 1657–1658.

Ryan, R. M., & Deci, E. L. (2017). *Self-determination theory. Basic psychological needs in motivation, development and wellness.* Guilford Press.

Sampaio-Baptista, C., Scholz, J., Jenkinson, M., Thomas, A. G., Filippini, N., Smit, G., & Johansen-Berg, H. (2014). Gray matter volume is associated with rate of subsequent skill learning after a long term training intervention. *NeuroImage, 96,* 158–166.

Santos, C. M., Uitdewilligen, S., & Passos, A. M. (2015). Why is your team more creative than mine? The influence of shared mental models on intra-group conflict, team creativity and effectiveness. *Creativity and Innovation Management, 24,* 645–658.

Sattler, F. R., Castaneda-Sceppa, C., Binder, E. F., Schroeder, E. T., Wang, Y., Bhasin, S., Kawakubo, M., Stewart, Y., Yarasheski, K. E., Ulloor, J., Colletti, P., Roubenoff, R., & Azen, S. P. (2009). Testosterone and growth hormone improve body composition and muscle performance in older men. *Journal of Clinical Endocrinology & Metabolism, 94,* 1994–2001.

Schäfer, A., Pels, F., von Haaren-Mack, B., & Kleinert, J. (2019). Perceived stress and coping in physical education teachers in different career stages. *German Journal of Exercise and Sport Research, 49*(4), 435–445.

Schlapkohl, N., Hohmann, T., Arnold, A., Philippen, P. B., & Raab, M. (2010). Der Einfluss von aufmerksamkeitslenkenden Instruktionen auf das Erlernen einer Schlagbewegung im Golf. *Sportwissenschaft, 40*(2), 103–109.

Schlicht, W., & Strauß, B. (2003). *Sozialpsychologie des Sports.* Göttingen: Hogrefe.

Schiller, B., Domes, G., & Heinrichs, M. (2020). Oxytocin changes behavior and spatio-temporal brain dynamics underlying inter-group conflict in humans. *European Neuropsychopharmacology, 31,* 119–130.

Schmitt, M. (7. Mai 2019). State. Dorsch Lexikon der Psychologie. https://dorsch.hogrefe.com/stichwort/state.

Schmitt, M., & Altstötter-Gleich (2010). *Differentielle Psychologie und Persönlichkeitspsychologie.* Beltz.

Schott, N., Rudisch, J., & Voelcker-Rehage, C. (2019). Meilensteine der Motorischen Verhaltensforschung. *Zeitschrift Für Sportpsychologie, 26*(2), 81–111.

Schüler, J., Wegner, M., & Plessner, H. (2020). *Sportpsychologie – Grundlagen und Anwendung.* Berlin/Heidelberg: Springer.

Schultz, J. (2019). Good enough? The 'wicked' use of testosterone for defining femaleness in women's sport. *Sport in Society, 24*(4), 1–21.

Schwarzer, R., & Fleig, L. (2014). Von der Risikowahrnehmung zur Änderung des Gesundheitsverhaltens. *Zentralblatt für Arbeitsmedizin, Arbeitsschutz und Ergonomie, 64*(5), 338–341.

Schwarzer, R., Luszczynska, A., Ziegelmann, J. P., Scholz, U., & Lippke, S. (2008). Social-cognitive predictors of physical exercise adherence: three longitudinal studies in rehabilitation. *Health Psychology: Official Journal of the Division of Health Psychology, American Psychological Association, 27*(1), S54-63.

Schweizer, G., & Plessner, H. (2020). Urteilen und Entscheiden im Sport. *Sportpsychologie* (S. 89–113). Berlin: Springer.

Silva, J. M., Nadeau, C. H., Halliwell, W. R., Newell, K. M., & Roberts, G. C. (1980). Assertive and aggressive behavior in sport. A definition clarification. *Psychology of Motor Behavior and Sport, 1,* 199–208.

Singer, R. (2000). Sport und Persönlichkeit. In H. Gabler, J. R. Nitsch, & R. Singer (Hrsg.), *Einführung in die Sportpsychologie – Teil 1: Grundthemen, Bd. 2. Sport und Sportunterricht* . (3. überarb. und erw. Aufl. S. 289–336). Schorndorf: Hofmann.

Smith, K. L., Weir, P. L., Till, K., Romann, M., & Cobley, S. (2018a). Relative age effects across and within female sport contexts: A systematic review and meta-analysis. *Sports Medicine, 48*(6), 1451–1478.

Smith, M. J., Figgins, S. G., Jewiss, M., & Kearney, P. E. (2018b). Investigating inspirational leader communication in an elite team sport context. *International Journal of Sports Science & Coaching, 13*(2), 213–224.

Spieß, T. (Produzent), Christ, M., Gronheid J., & Voigt, U. (Regie). (2014). *Die Mannschaft* [Film]. Deutschland: Little Shark Entertainment GmbH.

Steinberg, F., Pixa, N. H., & Fregni, F. (2019). A review of acute aerobic exercise and transcranial direct current stimulation effects on cognitive functions and their potential synergies. *Frontiers in Human Neuroscience, 12,* 1–21.

Storer, T. W., Basaria, S., Traustadottir, T., Harman, S. M., Pencina, K., Li, Z., Travison, T. G., Miciek, R., Tsitouras, P., Hally, K., Huang, G., & Bhasin, S. (2017). Effects of testosterone supplementation for 3 years on muscle performance and physical function in older men. *The Journal of Clinical Endocrinology and Metabolism, 102*(2), 583–593.

Stambulova, N., & Wylleman, P. (2014). Athletes' career development and transitions. In A. Papaioannou, & D. Hackfort (Hrsg.), *Routledge companion to sport and exercise psychology* (S. 605–621). Routledge.

Starkes, J. L., Edwards, P., Dissanayake, P., & Dunn, T. (1995). A new technology and field test of advance cue usage in volleyball. *Research Quarterly for Exercise and Sport, 66*(2), 162–167.

Statista. (2019). https://de.statista.com/infografik/17442/personalkosten-der-polizei-bei-fus sballspielen/.

Staufenbiel, K., Liesenfeld, M., & Lobinger, B. (2019). Konzeptionelles Rahmenmodell der Angewandten Sportpsychologie: Eine Einführung. In K. Staufenbiel, M. Liesenfeld, & B. Lobinger (Hrsg.), *Angewandte Sportpsychologie für den Leistungssport* (S. 15–29). Hogrefe.

Steca, P., Baretta, D., Greco, A., D'Addario, M., & Monzani, D. (2018). Associations between personality, sports participation and athletic success. A comparison of big five in sporting and non-sporting adults. *Personality and Individual Differences, 121,* 176–183.

Stephan, Y., Sutin, A. R., & Terracciano, A. (2014). Physical activity and personality development across adulthood and old age: Evidence from two longitudinal studies. *Journal of Research in Personality, 49,* 1–7.

Strauß, B. (2019). 50 Jahre asp. *Zeitschrift für Sportpsychologie, 26,* 43–57.

Strauß, B., & Bierschwale, J. (2008). Zuschauer und der Heimvorteil in der Handballbundesliga. *Zeitschrift für Sportpsychologie, 15*(3), 96–101.

Sudeck, G., & Seelig, H. (2019). Die Perspektive Gesundheit in der Arbeitsgemeinschaft für Sportpsychologie (asp). *Zeitschrift für Sportpsychologie, 26*(2), 71–80.

Sullivan, G. B. (2018). Collective emotions: A case study of south african pride, euphoria and unity in the context of the 2010 FIFA world cup. *Frontiers in Psychology, 9,* 1252.

Teixeira, P. J., Carraça, E. V., Markland, D., Silva, M. N., & Ryan, R. M. (2012). Exercise, physical activity, and self-determination theory: A systematic review. *International Journal of Behavioral Nutrition and Physical Activity, 9,* 78.

Tielemann, N., Raab, M., & Arnold, A. (2008). Effekte von Instruktionen auf motorische Lernprozesse. Lernen durch Analogien oder Bewegungsregeln? *Zeitschrift für Sportpsychologie, 15*(4), 118–128.

Turner, N., Barling, J., Epitropaki, O., Butcher, V., & Milner, C. (2002). Transformational leadership and moral reasoning. *Journal of Applied Psychology, 87*(2), 304–311.

Turnnidge, J., & Côté, J. (2018). Applying transformational leadership theory to coaching research in youth sport: A systematic literature review. *International Journal of Sport and Exercise Psychology, 16*(3), 327–342.

Unkelbach, C., & Memmert, D. (2010). Crowd noise as a cue in referee decisions contributes to the home advantage. *Journal of Sport and Exercise Psychology, 32*(4), 483–498.

Utesch, T., Bardid, F., Büsch, D., & Strauss, B. (2019). The relationship between motor competence and physical fitness from early childhood to early adulthood: A meta-analysis. *Sports Medicine, 49*(4), 541–551.

Vanberg, P., & Atar, D. (2010). Androgenic anabolic steroid abuse and the cardiovascular system. *Doping in Sports: Biochemical Principles, Effects and Analysis Handbook of Experimental Pharmacology, 195,* 411–457.

Van Gym, G. H., Wenger, H. A., & Gaul, C. A. (1990). Imagery as a method of enhancing transfer from trailing to performance. *Journal of Sport and Exercise Psychology, 12*(4), 366–375.

van Kleef, G. A., Cheshin, A., Koning, L. F., & Wolf, S. A. (2018). Emotional games: How coaches' emotional expressions shape players' emotions, inferences, and team performance. *Psychology of Sport & Exercise, 41,* 1–11.

van Paridon, K. N., Timmis, M. A., Nevison, C. M., & Bristow, M. (2017). The anticipatory stress response to sport competition – A systematic review with meta-analysis of cortisol reactivity. *BMJ Open Sport & Exercise Medicine, 3*(1), e000261. https://doi.org/10.1136/bmjsem-2017-000261.

Vestberg, T., Gustafson, R., Maurex, L., Ingvar, M., & Petrovic, P. (2012). Executive functions predict the success of top-soccer players. *PlLoS ONE, 7*(4), e34731.

Verburgh, L., Scherder, E. J., van Lange, P. A., & Oosterlaan, J. (2014). Executive functioning in highly talented soccer players. *PLoS ONE, 9*(3), e91254.

Vestberg, T., Reinebo, G., Maurex, L., Ingvar, M., Petrovic, P. (2017). Core executive functions are associated with success in young elite soccer players. *PLOS ONE, 12*(2), e0170845.

Vickers, J. N. (1996). Visual control when aiming at a far target. *Journal of Experimental Psychology: Human perception and performance, 22*(2), 342.

von Haaren-Mack, B., Schäfer, A., Pels, F., & Kleinert, J. (2019). Stress in physical education teachers: A systematic review of sources, consequences and moderators of stress. *Research Quarterly for Exercise and Sport, 91*(2), 279–297.

Voss, M. W., Kramer, A. F., Basak, C., Prakash, R. S., & Roberts, B. (2010). Are expert athletes 'expert' in the cognitive laboratory? A meta-analytic review of cognition and sport expertise. *Applied Cognitive Psychology, 24*(6), 812–826.

Wang, C., Swerdloff, R. S., Iranmanesh, A., Dobs, A., Snyder, P. J., Cunningham, G., Matsumoto, A. M., Weber, T., Berman, N., & Testosterone Gel Study Group. (2000). Transdermal testosterone gel improves sexual function, mood, muscle strength, and body composition parameters in hypogonadal men. *The Journal of clinical Endocrinology and Metabolism, 85*(8), 2839–2853.

Ward, P., Ericsson, K. A., Williams, A., Ward, M., et al. (2013). Complex perceptual-cognitive expertise in a simulated task environment. *Journal of Cognitive Engineering and Decision Making, 7*(3), 231–254.

Ward, P., Watson, P., Cooke, G. E., Hillman, C. H., Cohen, N. J., Kramer, A. F., & Barbey, A. K. (2017). Enhanced learning through multimodal training: Evidence from a comprehensive cognitive, physical fitness, and neuroscience intervention. *Scientific Reports, 7*(1), 1–8.

Wattie, N., Schorer, J., & Baker, J. (2014). The relative age effect in sport: A developmental systems model. *Sports Medicine, 45*(1), 83–94.

Weaver, J., Filson Moses, J., & Snyder, M. (2016). Self-fulfilling prophecies in ability settings. *The Journal of Social Psychology, 156*(2), 179–189.

Webber, S. S., Chen, G., Payne, S. C., Marsh, S. M., & Zaccaro, S. J. (2000). Enhancing team mental model measurement with performance appraisal practices. *Organizational Research Methods, 3*(4), 307–322.

Weber, H., & Rammsayer, T. (2012). *Differentielle Psychologie – Persönlichkeitsforschung.* Hogrefe.

Weiner, B. (1985). An attributional theory of achievement motivation and emotion. *Psychological Review, 92,* 548–573.

Wenhold, F., Elbe, A. M., & Beckmann, J. (2009a). Testgütekriterien des Fragebogens VKS zur Erfassung volitionaler Komponenten im Sport. *Zeitschrift für Sportpsychologie, 16*(3), 91–103.

Wenhold, F., Elbe, A.-M., & Beckmann, J. (2009b). *Volitionale Komponenten im Sport (VKS), Manual.* Köln: Sport und Buch Strauß.

Wienke, B., & Jekauc, D. (2016). A qualitative analysis of emotional facilitators in exercise. *Frontiers in Psychology, 7,* 1296.

Williams, A. M., & Ericsson, K. A. (2005). Perceptual-cognitive expertise in sport: Some considerations when applying the expert performance approach. *Human movement science, 24*(3), 283–307.

Williams, A. M., Ford, P. R., & Drust, B. (2020). Talent identification and development in soccer since the millennium. *Journal of Sports Sciences, 38*(11–12), 1199–1210.

Williams, A. M., & Jackson, R. C. (2019). Anticipation in sport: Fifty years on, what have we learned and what research still needs to be undertaken? *Psychology of Sport and Exercise, 42,* 16–24.

Williams, A. M., & Reilly, T. (2000). Talent identification and development in soccer. *Journal of Sports Science, 18,* 657–667.

Williams, K. D., Nida, S. A., Baca, I. D., & Latane, B. (1989). Social loafing and swimming: Effects of identifiability on individual and relay performance of intercollegiate swimmers. *Basic and Applied Social Psychology, 10,* 73–81.

Willimczik K (2019) eSport zwischen „Sport" und „Nicht-Sport" – Wegweisung für eine sachliche Diskussion. https://cdn.dosb.de/user_upload/www.dosb.de/uber_uns/eSport/eSport_DOSB_final.pdf. Zugegriffen: 25. Mai 2020.

Wilson, M. A., & Stephens, D. E. (2007). Great expectations: An examination of the differences between high and low expectancy athletes' perception of coach treatment. *Journal of Sport Behavior, 30,* 358–373.

Wilson, P. M., Rogers, W. T., Rodgers, W. M., & Wild, T. C. (2006). The psychological need satisfaction in exercise scale. *Journal of Sport and Exercise Psychology, 28,* 231–251.

Wulf, G., Höß, M., & Prinz, W. (1998). Instructions for motor learning: Differential effects of internal versus external focus of attention. *Journal of Motor Behavior, 30*(2), 169–179.

Wulf, G., Mcnevin, N., & Shea, C. H. (2001). The automaticity of complex motor skill learning as a function of attentional focus. *The Quarterly Journal of Experimental Psychology Section A, 54*(4), 1143–1154.

Wulf, G., Wächter, S., & Wortmann, S. (2003). Attentional focus in motor skill learning: Do females benefit from an external focus? *Women in Sport and Physical Activity Journal, 12*(1), 37–52.

Wunsch, K., Weiss, D. J., Schack, T., & Weigelt, M. (2015). Second-order motor planning in children: Insights from a cup-manipulation-task. *Psychological Research Psychologische Forschung, 79*(4), 669–677.

Wylleman, P., & Lavallee, D. (2004). A developmental perspective on transitions faced by athletes. In M. Weiss (Hrsg.), *Developmental sport and exercise psychology: A lifespan perspective* (S. 507–527). Fitness Information Technology.

Zajonc, R. B. (1965). Social facilitation. *Science, 149*(3681), 269–274.
Zentgraf, K., & Munzert, J. (2009). Effects of attentional-focus instructions on movement kinematics. *Psychology of Sport and Exercise, 10,* 520–525.
Zentgraf, K., & Munzert, J. (2014). *Kognitives Training im Sport.* Hogrefe.

Printed in the United States
by Baker & Taylor Publisher Services